ビジュアル版

一冊でつかむ

古事記・日本書紀

監修 三橋 健

河出書房新社

はじめに

私たちが暮らしている、この日本という国。「いったい誰が、どのようにつくったのか」と、起源や歴史について考えたことのある方はたくさんいるのではないでしょうか。

自らのルーツに関心を抱き、探求しようとするのは自然なことです。そうした問いに答えてくれるのが、いまから一三〇〇年以上も前に編纂された『古事記《こじき》』と『日本書紀《にほんしょき》』です。

『古事記』は、世界のはじまりや神々の出現、国の統一、皇位継承といったエピソードが記された現存する日本最古の歴史物語。「アマテラスの天石屋《あめのいわや》ごもり」「オオクニヌシの稲羽《いなば》の素兎《しろうさぎ》」「スサノオのヤマタノオロチ退治」「天孫《てんそん》ニニギの降臨《こうりん》」などのよく知られた物語が収録されており、エンターテイメント性の高い点も特徴です。

一方、『日本書紀』は『古事記』の八年後に完成した正史で、『古事記』とあわせて「記紀《きき》」と呼ばれています。『古事記』と重複す

る部分もありますが、神話のウエイトや扱う時代などに違いがみられます。

そして「記紀」には、「八百万《やおよろず》」といわれる多数の神々や、初代天皇の神武《じんむ》天皇から第四十一代の持統《じとう》天皇に至るまでの歴代天皇(『古事記』は第三十三代の推古《すいこ》天皇まで)が登場。彼らがときに神々《こうごう》しく、ときに大胆に、ときに人間味のある行動をみせ、読者を魅了するのです。

神話や歴史というと、縁遠く感じる方もいるかもしれません。しかし、「記紀」のなかには現代でもみられる権力争い、親子関係、恋愛などの普遍的な問題が多く含まれています。最近では『古事記』をモチーフにした小説やマンガ、映画なども増えてきました。

本書は、そんな『古事記』と『日本書紀』について、イラストや地図などの図版を豊富に用いつつ、わかりやすくまとめた入門書です。各項目の最初にある１００文字の要約文を読んでから全体に目を通せば、スッと理解していただけると思います。

本書をきっかけに、『古事記』と『日本書紀』に親しみ、日本の起源や歴史により関心をもっていただければ幸いです。

神々の系譜

『古事記』と『日本書紀』には多くの神々が登場します。ここでは本書で登場する神々の主な系譜を紹介します。

別天《ことあま》つ神《かみ》
造化三神
アメノミナカヌシ
タカミムスヒ
カムムスヒ
ウマシアシカビヒコジ
アメノトコタチ
クニノトコタチ
トヨクモノ
ウヒジニ
スヒチニ
ツノグイ
イクグイ
オオトノジ
オオトノベ
オモダル
アヤカシコネ
スクナビコナ
オモイカネ
アメノオシホミミ
ヨロズハタトヨアキツシヒメ
コノハナノサクヤビメ
ニニギ
トヨタマビメ
ホオリ
ホデリ
タマヨリビメ
ウガヤフキアエズ
イワレビコ（初代神武天皇）
イツセ

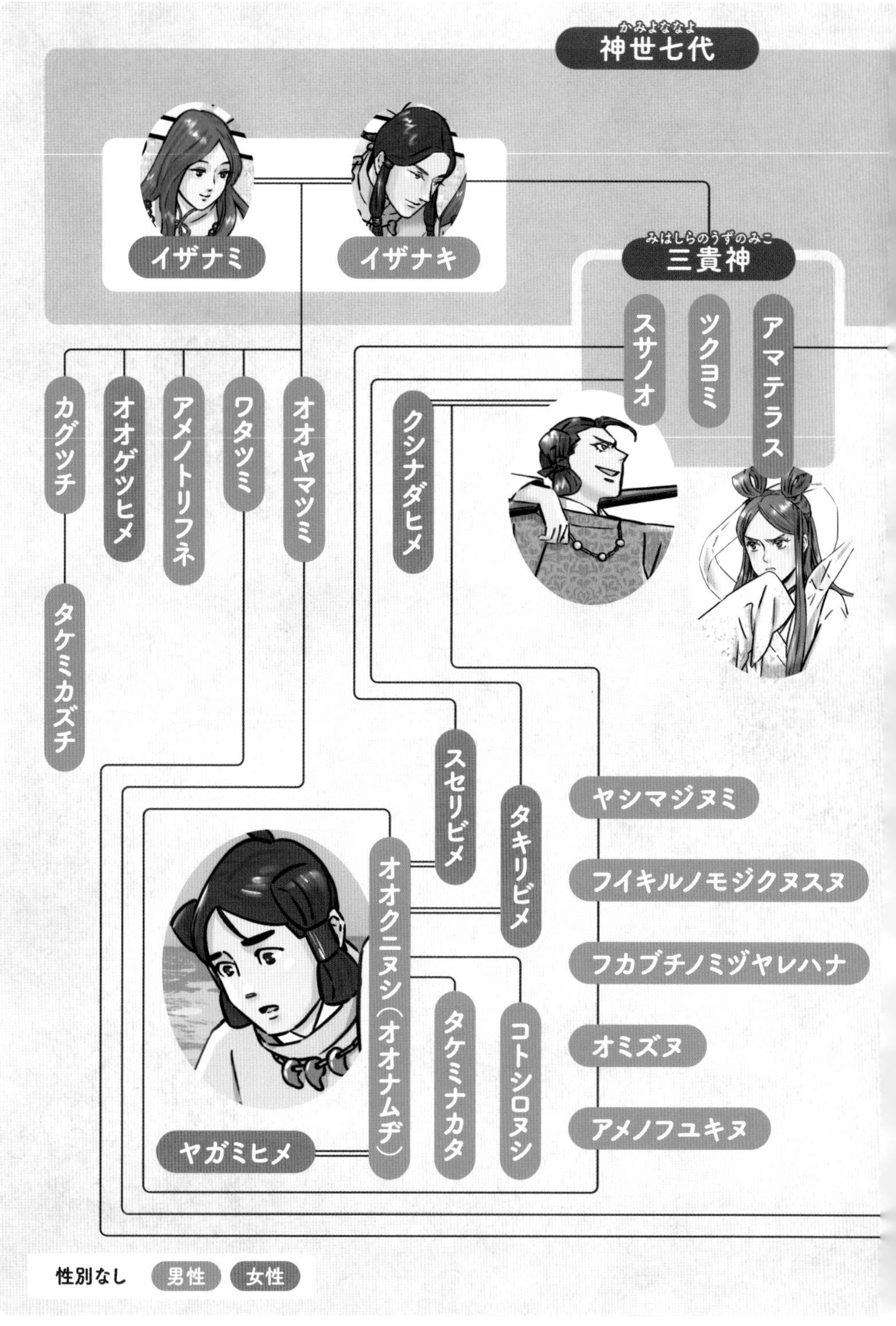
神世七代《かみよななよ》
イザナミ
イザナキ
三貴神《みはしらのうずのみこ》
スサノオ
ツクヨミ
アマテラス
カグツチ
オオゲツヒメ
アメノトリフネ
ワタツミ
オオヤマツミ
クシナダヒメ
タケミカズチ
スセリビメ
タキリビメ
ヤシマジヌミ
フイキルノモジクヌスヌ
フカブチノミヅヤレハナ
オミズヌ
アメノフユキヌ
オオクニヌシ（オオナムヂ）
タケミナカタ
コトシロヌシ
ヤガミヒメ
性別なし
男性
女性

天皇の系譜

神々の系譜は天皇の系譜へとつながります。『古事記』は初代神武天皇から第33代推古天皇まで、『日本書紀』は第41代持統天皇までの天皇を掲載しています。

初代 神武天皇（カムヤマトイワレビコ）

第2代 綏靖天皇（カムヌナカワミミ）

第3代 安寧天皇

第4代 懿徳天皇

第5代 孝昭天皇

第6代 孝安天皇

第7代 孝霊天皇

第8代 孝元天皇

第9代 開花天皇

第10代 崇神天皇（ミマキイリヒコ）

第11代 垂仁天皇（イクメイリビコ）

第12代 景行天皇（オオタラシヒコ）

第13代 成務天皇（ワカタラシヒコ）

ヤマトタケル

第14代 仲哀天皇（タラシナカツヒコ）

神功皇后（オキナガタラシヒメ）

第15代 応神天皇（ホンダワケ）

第17代 履中天皇（イザホワケ）

イチノベノオシハワケ

第24代 仁賢天皇（オケ）

タシラカ

第25代 武烈天皇（オハツセノワカサザキ）

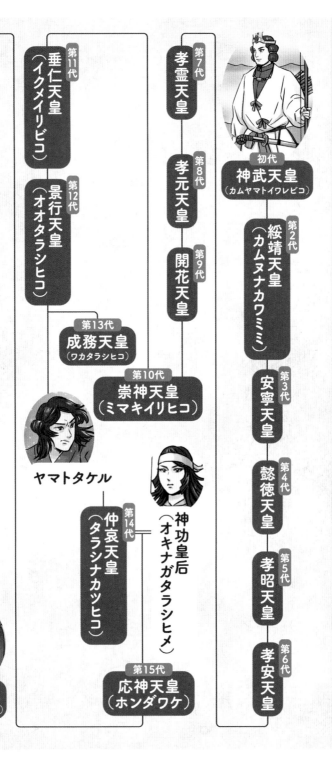

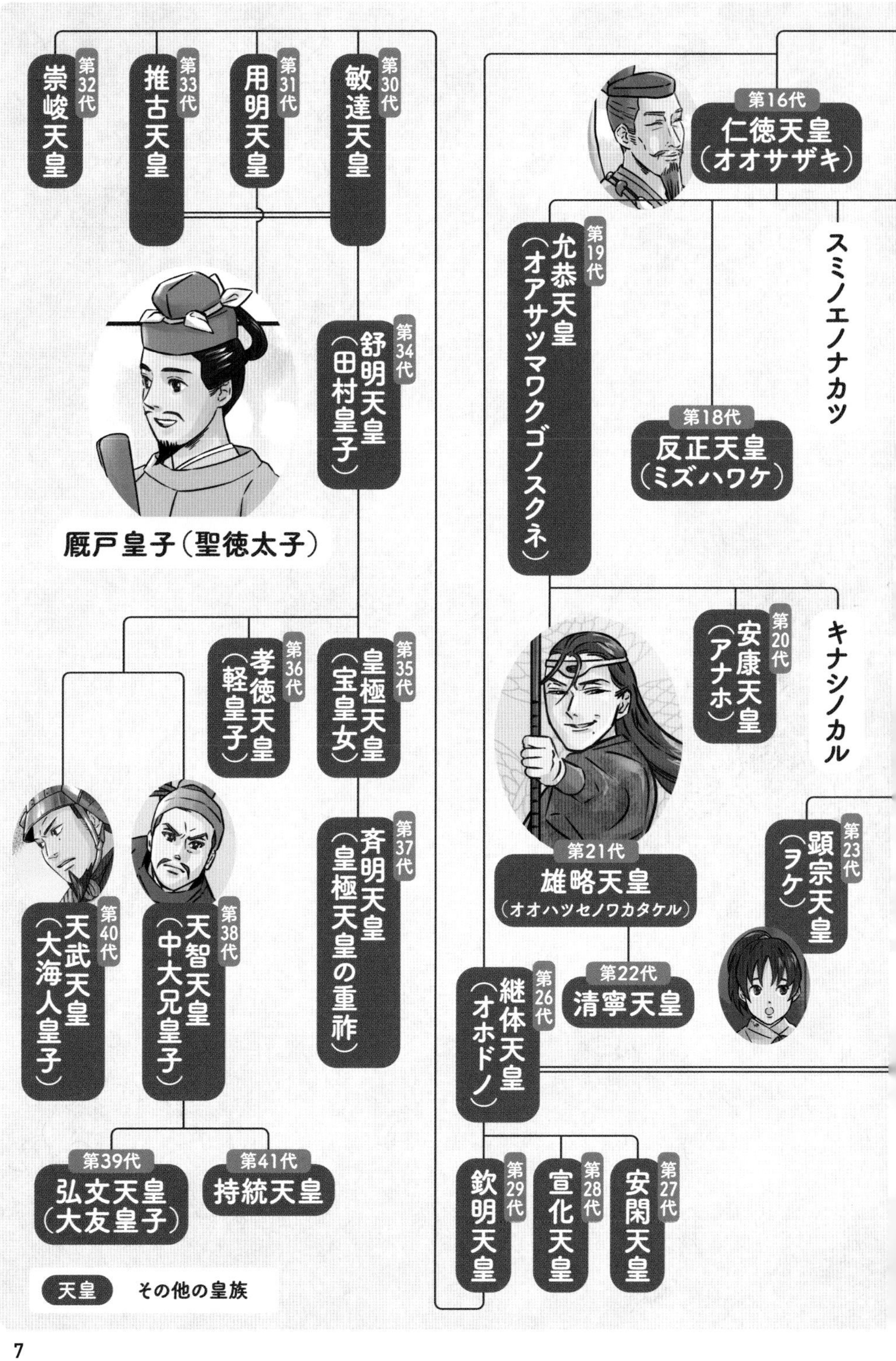
第16代
仁徳天皇（オオサザキ）
スミノエノナカツ
第18代
反正天皇（ミズハワケ）
第19代
允恭天皇（オアサツマワクゴノスクネ）
第20代
安康天皇（アナホ）
キナシノカル
第21代
雄略天皇（オオハツセノワカタケル）
第22代
清寧天皇
第23代
顕宗天皇（ヲケ）
第26代
継体天皇（オホドノ）
第27代
安閑天皇
第28代
宣化天皇
第29代
欽明天皇
第30代
敏達天皇
第31代
用明天皇
第33代
推古天皇
第32代
崇峻天皇
厩戸皇子（聖徳太子）
第34代
舒明天皇（田村皇子）
第35代
皇極天皇（宝皇女）
第36代
孝徳天皇（軽皇子）
第37代
斉明天皇（皇極天皇の重祚）
第38代
天智天皇（中大兄皇子）
第40代
天武天皇（大海人皇子）
第39代
弘文天皇（大友皇子）
第41代
持統天皇
天皇
その他の皇族

もくじ

第2章 日本列島の誕生

地上世界で国づくりに邁進したオオクニヌシ。しかし、その国を支配したのは……

第3章 神の世から人の世へ

天孫ニニギの子孫が地上を支配するようになり、初代神武天皇が登場する

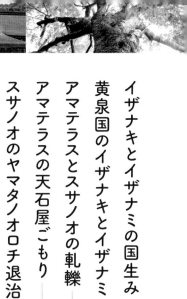

第4章 英雄たちの伝説

大和で成立し、支配地域を広げるヤマト政権。その背景には英雄たちの活躍があった

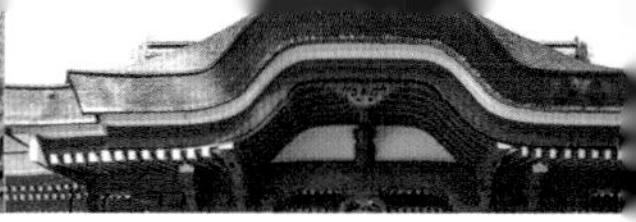

第5章 王権での権力闘争

皇位をめぐって繰り返される争い。その争いに終止符を打ったのは誰か？

第6章 国家・日本の確立

理想に燃える皇子たちが「日本」という国家の形をつくり上げる

※神名・天皇名・人名などは本来、歴史的仮名遣いとすべきですが、本書では理解しやすさを第一に考え、現代仮名遣いに改めています。

※本書における神名・天皇名・人名などの略称は、一般的に通用している呼び名で表記しています。

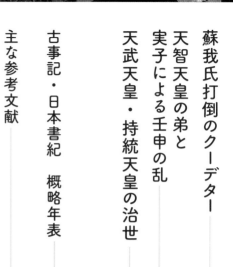

序章

「記紀」の基礎知識

日本の起源を記す『古事記』と『日本書紀』、
まずはその基本事項を押さえる

現存する最古の歴史物語『古事記』

『日本書紀』とあわせて「記紀」

『古事記』は奈良時代初期に完成した現存する日本最古の歴史物語です。同時期に完成した『日本書紀』とあわせて、「記紀《きき》（記紀二典）」と呼んでいます。

『古事記』ができるまでの経緯については、序文に記されています。それによると、編纂を命じたのは第四十代天武《てんむ》天皇でした。

天武天皇が編纂を命じた

七世紀末、『帝紀《ていき》』や『旧辞《きゅうじ》』という史書には誤りや虚偽が多くみられました。そこで天武天皇はそれらを改めようとして、稗田阿礼《ひえだのあれ》に王の系譜やそれまでの歴史を誦《よ》み習わせ、歴史の再編集を試みました。

天武天皇は完成前に亡くなってしまい、編纂作業も中断を余儀なくされます。しかし、第四十三代元明《げんめい》天皇がこの事業を受け継ぎ、稗田阿礼の誦習《しょうしゅう》する内容を太安万侶《おおのやすまろ》に撰録《せんろく》させました。それが七一二年に完成し、献上されたのです。

神話と歴史をつなぐ存在

『古事記』は上《かみ》つ巻《まき》・中《なか》つ巻・下《しも》つ巻の全三巻で構成されています。

上つ巻は天地のはじまりから神々の誕生、アマテラス、オオクニヌシ、ニニギといった神々の物語が記されています。中つ巻は初代神武《じんむ》天皇から第十五代応神《おうじん》天皇までの時代に起こった出来事を天皇ごとにまとめて紹介しています。下つ巻もまた、第十六代仁徳《にんとく》天皇から第三十三代推古《すいこ》天皇までの時代に起こった出来事を天皇ごとにまとめて紹介しています。

国土ができて神々が生まれ、天皇家の祖先神が降臨《こうりん》し、歴代天皇が戦ったり、政治を行ったり、恋愛を繰り広げたりしながら、日本が国家として形成されていくまでが記されています。全体の約三分の一が神代《かみよ》の物語で占められていることから、『古事記』は神話と歴史をつなげる存在といえるのです。

『古事記』の編纂

38 天智天皇
43 元明天皇
41 持《じ》統《とう》天皇
40 天武天皇
1 天武天皇が『古事記』編纂の命令を出す（681年）
2 天武天皇が『帝紀』『旧辞』を、稗田阿礼に誦習させる
3 天武天皇が亡くなり、編纂作業中断（686年）
4 稗田阿礼が誦習していた『帝紀』『旧辞』を、元明天皇が太安万侶に撰録させる（711年）
5 暗記していた内容を口述で伝える
6 数ヵ月でまとめ上げる
稗田阿礼
太安万侶
『古事記』が完成し、献上される（712年）

『古事記』の構成

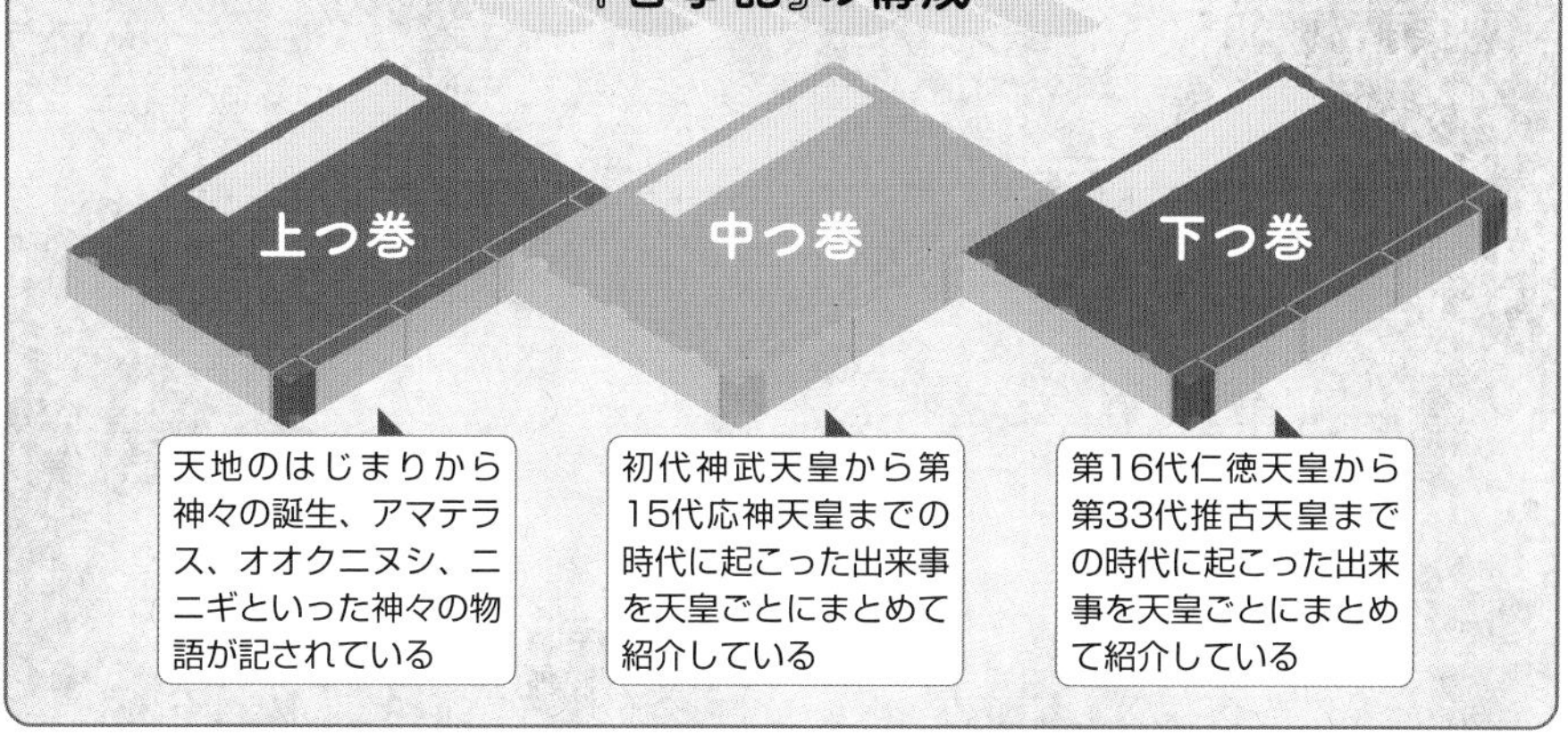

上つ巻
中つ巻
下つ巻
天地のはじまりから神々の誕生、アマテラス、オオクニヌシ、ニニギといった神々の物語が記されている
初代神武天皇から第15代応神天皇までの時代に起こった出来事を天皇ごとにまとめて紹介している
第16代仁徳天皇から第33代推古天皇までの時代に起こった出来事を天皇ごとにまとめて紹介している

日本初の正史としてつくられた『日本書紀』

正史とは何か?

『日本書紀』は天皇の命令によって編纂された勅撰の歴史書で、日本初の正史でもあります。

正史とは中国の熟語で、国家が中心となってまとめた史書のこと。日本では『日本書紀』『続日本紀《しょくにほんぎ》』『日本後紀』『続日本後紀』『日本文徳《もんとく》天皇実録』『日本三代実録』の六書をあわせて「六国史《りっこくし》」といい、その第一号となったのが『日本書紀』でした。

中国風の歴史書

『日本書紀』の編纂がはじまったのは、『古事記』と同じ七世紀末です。

六八一年、第四十代天武天皇が川嶋《かわしまの》皇子《みこ》や中臣大《なかとみのおお》嶋《しま》らに編纂を命じると、政府の外交記録や史書をもとに作業が進められました。

それ以降、天武天皇の死をはさんで約四〇年にわたる国家事業として進められ、七二〇年に完成。当時の責任者であった天武天皇の子の舎人親王《とねりしんのう》から第四十四代元正天皇に献上されました。

神代の話題が極めて少ない

『日本書紀』は全三十巻で構成されています。ほかに系図一巻が付属していましたが、現在は残されていません。

その内容は、神話の時代から第四十一代持統天皇までの歴代天皇を年代順に紹介するものです。一巻につきひとりの天皇を取り上げる形で編纂されていますが、天武天皇のようにひとりで二巻にわたるケースがあれば、二～三人を一巻にまとめているケースもあります。後半になるにつれて、各天皇についての密度が高くなる傾向がみられます。

また、『古事記』の全体の約三分の一が神代の物語で占められているのに対して、『日本書紀』では神代の物語は上下二巻に分かれているものの、全体としては一割にも満たない点が大きな特徴となっています。

『日本書紀』の編纂

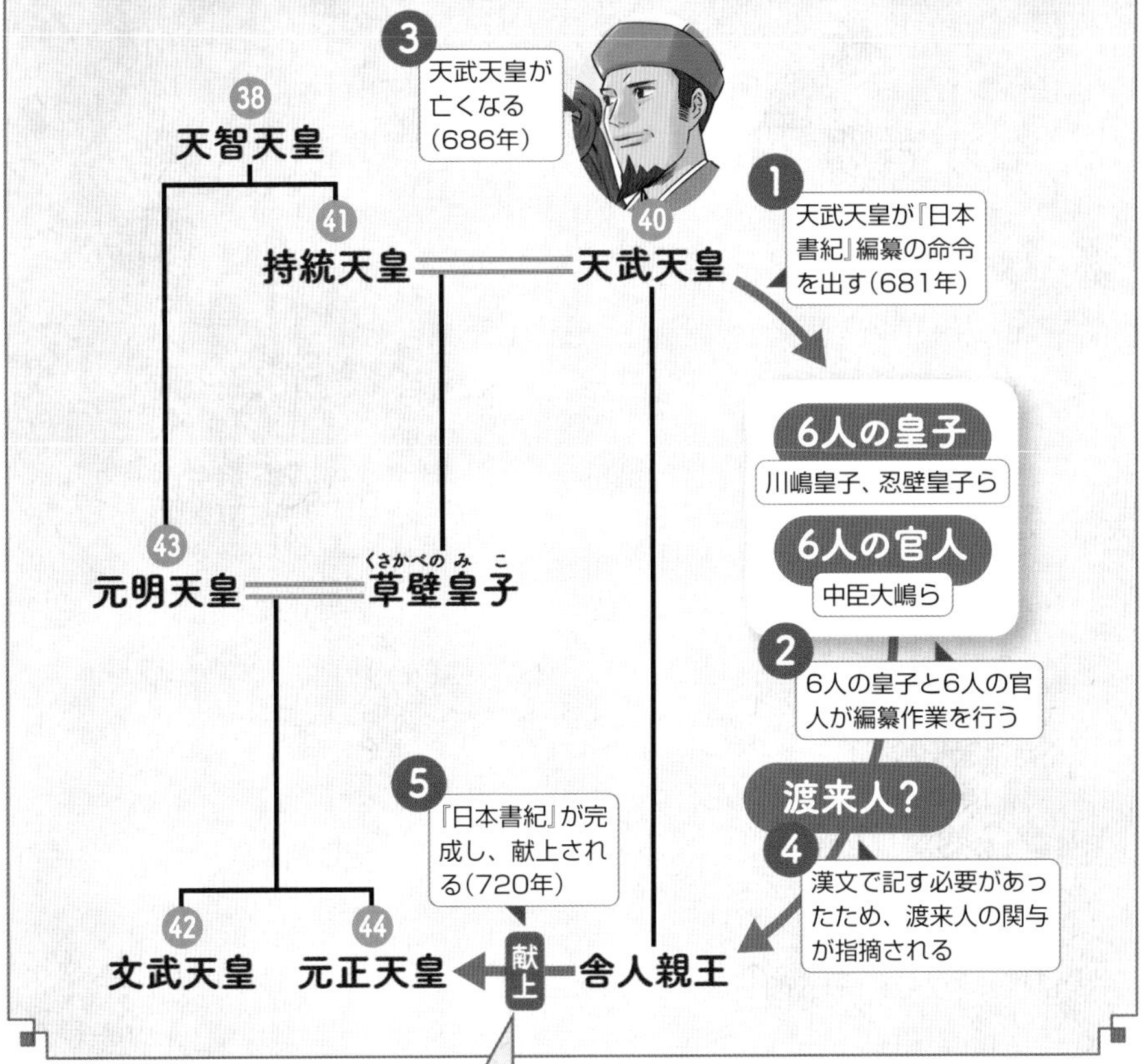

3
天武天皇が亡くなる（686年）
38
天智天皇
41
持統天皇
40
天武天皇
1
天武天皇が『日本書紀』編纂の命令を出す（681年）
6人の皇子
川嶋皇子、忍壁皇子ら
6人の官人
中臣大嶋ら
2
6人の皇子と6人の官人が編纂作業を行う
43
元明天皇
草壁皇子《くさかべのみこ》
渡来人？
4
漢文で記す必要があったため、渡来人の関与が指摘される
5
『日本書紀』が完成し、献上される（720年）
42
文武天皇
44
元正天皇
献上
舎人親王

『日本書紀』からはじまる「六国史」

『日本書紀』をはじめとする6書の正史を「六国史」と総称する

書名	成立	巻数	編纂者	収録期間
日本書紀	720年	30巻	舎人親王ら	天地開闢《かいびゃく》～持統天皇
続日本紀	797年	40巻	菅野真道ら	文武天皇～桓武天皇
日本後紀	840年	40巻	藤原緒嗣ら	桓武天皇～淳和天皇
続日本後紀	869年	20巻	藤原良房ら	仁明天皇
日本文徳天皇実録	878年頃	10巻	藤原基経ら	文徳天皇
日本三代実録	901年	50巻	藤原時平ら	清和天皇～光孝天皇

『古事記』と『日本書紀』を比較する

同時期に同内容の史書が生まれた

『古事記』と『日本書紀』がどんな書物かを知ると、大きな疑問が浮かんできます。

両書の成立年の差は、わずか八年しかありません。天皇家による日本支配の正当性が書かれている点も類似します。いったいなぜ、同じような史書が同時期につくられたのでしょうか。

この疑問の答えについては、両書を比較すると明らかになります。

国内向けか、海外向けかという違い

『古事記』と『日本書紀』では、巻数、編纂者、収録期間などが異なりますが、見逃せない違いは体裁です。

『古事記』は、個人の伝記を連ねて歴史を記述する紀伝体《きでんたい》で書かれています。そのため、物語性の高い読み物となっています。

それに対し、『日本書紀』は年月の順を追って事実の発生・発展を記述する編年体《へんねんたい》で書かれています。国内外のさまざまな史料から伝承を集めているため、重複したり矛盾していたりする部分も少なからずありますが、網羅《もうら》することを優先してそのまま紹介しています。編年体は中国の王朝が用いる正史《せいし》の体裁です。

もうひとつ、表記の違いも注目されます。当時の公式文書はすべて東アジアの国際用語であった漢文で書かれていました。『古事記』も漢文表記を基本としていますが、日本語の特徴を残した変体漢文で書かれています。

一方、『日本書紀』は純然たる漢文で書かれています。一説によると、編纂作業に渡来人が関わっていたともいわれています。

こうしてみると、『古事記』は国内向けに日本の成り立ちと天皇家による支配の正当性を説くためにつくられた史書だといえるでしょう。一方の『日本書紀』は日本の歴史を後世に伝える目的で、海外向けに正史として編纂されたと考えることができます。

『古事記』と『日本書紀』の違い

『古事記』		『日本書紀』
712（和銅5）年	完成	720（養老4）年
全3巻	巻数	全30巻＋系図1巻
稗田阿礼が誦習し、太安万侶が撰録	編纂者	川嶋皇子、忍壁皇子、舎人親王、中臣大嶋、紀清人ら
変体漢文	表記	純粋な漢文
紀伝体	体裁	編年体
天地初発～推古天皇	収録期間	天地開闢～持統天皇
・神や天皇の名前は日本語で表記している ・オオクニヌシの物語を掲載している ・第24代仁賢天皇から第33代推古天皇は系譜のみを記載	内容	・神や天皇の名前は表意文字で表記している ・オオクニヌシの物語は掲載していない ・第24代仁賢天皇から第33代推古天皇の事績を詳述している
国内向けに日本の成り立ちと天皇家による支配の正当性を説く	編纂目的	海外向けに日本の歴史を説く

紀伝体と編年体

紀伝体

本紀（帝王の伝記）、列伝（臣下の伝記）、志（法制や経済など社会の重要現象）、表（年表などをまとめたもの）からなる歴史叙述形式

編年体

年月を追って出来事を記していく年代記の形をとる歴史叙述形式

記紀以外にも現存する日本古代の重要な史料とは?

日本の古代の歴史や神話を語る史料は『古事記』『日本書紀』だけではありません。各地でつくられた『(古)風土記《ふどき》』も重要な史料です。

『風土記』とは、ヤマト政権が713年に国ごとに編纂を命じた地誌のこと。当時、ヤマト政権の支配権が及んでいた九州から関東までの地域に対し、その土地の歴史や特色などをまとめさせました。

しかし、多くの『風土記』は散逸してしまっており、ほぼ完全な形で現存するのは『出雲《いずも》国風土記』だけしかありません。写本として残っているものも『播磨《はりま》国風土記』『肥前《ひぜん》国風土記』『常陸《ひたち》国風土記』『豊後《ぶんご》国風土記』に限られます。

そのうち『出雲国風土記』には、『古事記』と異なる神話や伝承が記載されています。たとえば「国引き神話」が挙げられます。ヤツカミズオミツヌという神が出雲の国を見て、「この国は細長い布のように小さい。国を引いてきて縫いつけなくては」と思い、各地から土地を引き寄せてきて国をつくったというものです。

また、カムムスヒがオオクニヌシ(オオナムチ)のために宮殿をつくるよう命じたとする記事もあります。

「記紀」が神話世界の縦軸とすれば、『風土記』は横軸を織りなす史料のひとつといえるでしょう。

現存する『風土記』

肥前国風土記
成　立:717年以降
編纂者:不明
特　徴:第12代景行天皇の西征伝説を中心にクマソなどとの戦いが語られている

出雲国風土記
成　立:733年
編纂者:出雲臣広嶋
特　徴:現存するなかで唯一の完本。出雲独自の神話が多く収録されている

播磨国風土記
成　立:715年頃
編纂者:不明
特　徴:山や川の名の由来、土壌の品質などについて詳しい。渡来人の記事も目立つ

豊後国風土記
成　立:717年以降
編纂者:不明
特　徴:『豊後風土記』と同じく、第12代景行天皇の西征伝説を中心に収録されている

常陸国風土記
成　立:717年以前
編纂者:不明
特　徴:ヤマトタケルの巡行説話や歌垣など、物語性に富んだ説話が多い

第1章
天地のはじまりと神々の登場

天地が分かれ、男女の神が登場。
そこに次々に神々が生まれ、日本列島ができていく

名場面でわかる！記紀のあらすじ

この世界が天と地に分かれると、神々は多くの神と日本列島（葦原中国《あしはらのなかつくに》）を生みます。
そして太陽神アマテラスやスサノオなどの個性豊かな神々が登場し、
さまざま物語を紡ぎながら、世界を構築していきました。

現れては消えていく神々
混沌とした世界に天と地ができ、アメノミナカヌシ、タカミムスヒ、カムムスヒの造化三神が現れる ▶P24
イザナキが黄泉国を訪れると、そこには腐乱したイザナミがいた。イザナミは姿を見た夫を追いかける ▶P28
イザナキとイザナミの国生み
黄泉国《よみのくに》のイザナキとイザナミ
イザナキとイザナミが天《あめ》の沼矛《ぬぼこ》を使って国土を創成。さらに多くの神々を生み出す ▶P26

アマテラスとスサノオの軋轢
太陽神アマテラスの弟スサノオが高天原で大暴れ。二神は誓約《うけい》という方法で勝負を決めた ▶P30
アマテラスの天《あめの》石《いわ》屋《や》ごもり
スサノオに愛想を尽かしたアマテラスが天石屋に隠れると、多くの神々が彼女を外に出そうと作戦を講じた ▶P32
スサノオのヤマタノオロチ退治
出雲に出現したヤマタノオロチ。その巨大な蛇をスサノオが退治し、クシナダヒメと結婚する ▶P34

現れては消えていく神々

100字で要約

世界が天と地のふたつに分かれ、原初の神々である五柱《いつはしら》の別天《ことあま》つ神《かみ》が登場。さらに二《ふた》柱《はしら》の神が現れます。ここまでは男女の区別のない独《ひと》り神でしたが、次に現れたのは男女の区別をもつ双《なら》び神で、そのなかにイザナキとイザナミがいました。

世界各地の多くの神話と同じく、『古事記』も世界のはじまりから語られます。

まず、世界が天と地のふたつに分かれます。すると天上の高天原《たかまのはら》にアメノミナカヌシ、タカミムスヒ、カムムスヒの三柱《みはしら》の神が現れました。造化三神と呼ばれるこれら三柱の神は、何もないところから現れ、すぐに姿を消してしまいました。

一方、地上の葦原中国《あしはらのなかつくに》は柔らかく、クラゲのように水の上をふわふわと漂っていました。そこにウマシアシカビヒコジとアメノトコタチの二柱の神が現れ、やはりすぐに消えていきます。ここまでに登場した五柱の神は「別天つ神」と呼ばれ、男女の区別のない「独り神」でした。

男女の神がペアで次々に登場

次に現れたクニノトコタチ、トヨクモノの二柱の神も独り神で、すぐに身を隠してしまいました。その後に登場したウヒジニとスヒチニは男女の区別をもっており、それ以降、次々と男女ペアの神々が誕生していきました。性別をもつ神は、性別のない独り神に対して、「双び神」と呼ばれます。

ツノグイとイクグイ、オオトノジとオオトノベ、オモダルとアヤカシコネと双び神が続き、最後にイザナキとイザナミが登場します。のちに日本の国土を生むことになる夫婦神です。

クニノトコタチからイザナキ・イザナミまでの十柱《とはしら》の神を「神代七代《かみよななよ》」といいます。

『日本書紀』との違い

『日本書紀』は世界のはじまりについて、天と地、陰と陽も分れていなかったと記します。そして天地が定まって最初に現れた神はアメノミナカヌシらではなく、地上神のクニノトコタチ。クニノトコタチは男神でした。

出典

『古事記』上つ巻

主な登場人物

- 別天つ神
- 神代七代

世界のはじまりに現れた神々

別天つ神
アメノミナカヌシ
タカミムスヒ
カムムスヒ
造化三神
ウマシアシカビヒコジ
アメノトコタチ
まずアメノミナカヌシを中心とする造化三神が高天原に登場。その後、二柱の神が現れるが、すぐに姿を消す
神世七代
性別なし
男
女
クニノトコタチ
トヨクモノ
別天つ神に続いて現れた二柱の神もすぐに姿を消す。ここまでは男女の区別がない独り神だった
ウヒジニ
スヒチニ
ツノグイ
イクグイ
オオトノジ
オオトノベ
オモダル
アヤカシコネ
イザナキ
イザナミ
次に男女の区別がある5組の神々がペアで現れた（双び神）

世界神話 にも注目！

各地に伝わる創世神話

『旧約聖書』では全能の神（写真中央）が6日間かけて天と万物を創造し、7日目に休息したと語られます。エジプト神話では太陽神ラーが男神と女神を生み、その2神から大地と天空の神々が誕生。インド神話では神々が原人プルシャの死体から太陽や月、大地を創造したと伝わります。

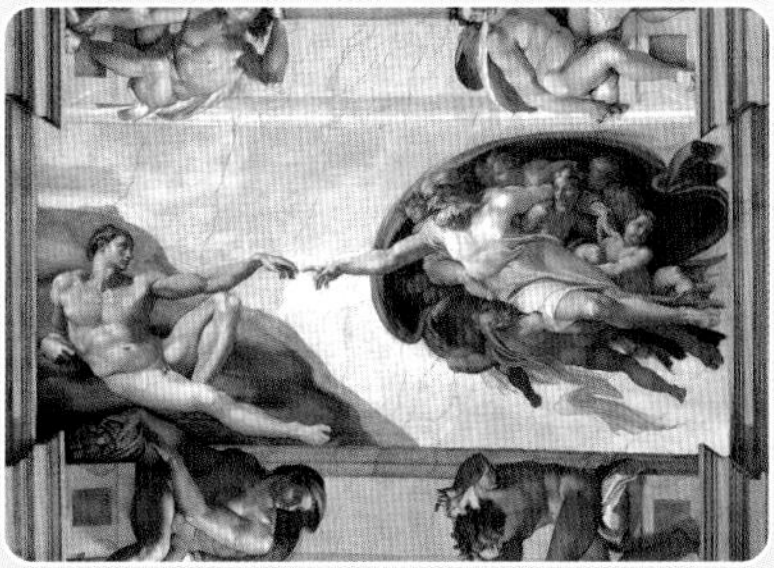

イザナキとイザナミの国生み

100字で要約

神代七代の神々のなかで最後に現れたイザナキとイザナミは、天《あめ》の沼矛《ぬぼこ》で海水をかきまわして国生みを行います。国生みが終わると、今度は神生みに取り掛かり、多くの神々を生み出しました。

神代七代の最後に現れたイザナキとイザナミは国土を生みました。

高天原の神々から国土を固めるよう命じられた二柱の神が天《あめ》の浮橋《うきはし》に立って、天の沼矛を下界の海水に下ろしてかき混ぜると、矛から垂れた滴が重なってオノゴロ島が誕生。この島に降り立った二柱の神は、イザナキの体の余っている部分でイザナミの足りない部分をふさいで国を生むことにします。

結婚の儀式として神聖な柱をまわり、声を掛け合って、柱の下で交合しました。しかし、生まれたのは骨のないヒルコと淡島《あわしま》でした。

イザナミが先に声をかけたのがいけなかったと知り、再挑戦したところ、淡道之穂之狭別《あわじのほのさわけの》島《しま》、伊予之二名島《いよのふたなのしま》、隠岐三子島《おきのみつごのしま》、筑紫島《つくしのしま》、伊伎《いき》島《しま》、津島《つしま》、佐度島《さどのしま》、大倭豊秋津島《おおやまととよあきづしま》という島々が次々と生まれます。これらを大八島国《おおやしまぐに》といい、その後もさらに小さな島々を生みました。

神生みの最後で絶命したイザナミ

国土を生み終えたイザナキとイザナミは、次に神々を生みはじめます。海の神、水の神、山の神など一七柱の神を生み、その神々から生まれた子も含めると三五柱にもなりました。

ところがイザナミは、火の神カグツチを生んだ際に陰部に大火傷を負い、それが原因で絶命。イザナミの亡骸を比婆山《ひばのやま》に葬ったイザナキはカグツチを恨んで斬殺すると、殺されたカグツチの血からも神々が生まれました。

『日本書紀』との違い

『古事記』と『日本書紀』では生んだ島が少し異なります。『日本書紀』では隠岐と佐渡を双子とし、壱岐と対馬は直接生まず、泡が固まったものとしています。その代わり、北陸の越洲《こしのしま》、山口の大洲《おおしま》、岡山の吉備子洲《きびこのしま》を生んでいます。

出典

『古事記』上つ巻

主な登場人物

・イザナキ
・イザナミ

イザナキとイザナミによる国生みと神生み

国生み

『古事記』のみの大八島
『記紀』共通の大八島
『日本書紀』（本伝）の大八洲
佐渡島
佐度島《さどのしま》
7
越洲《こしのしま》
3
隠伎之三子島《おきのみつごのしま》
隠岐島
本州
6
対馬
津島《つしま》
8
大倭豊秋津島《おおやまとよあきづしま》
吉備子洲《きびこのしま》
淡路島
大洲《おおしま》
壱岐島
伊伎島《いきのしま》
5
四国
1
淡道之穂之狭別島《あはぢのほのさわけのしま》
伊予之二名島《いよのふたなのしま》
2
筑紫島《つくしのしま》
4
九州

イザナキとイザナミは大八島国を生んだ後、小さな島々を生んだ。さらに多くの神々を生み、その数は三五柱になった

神生み

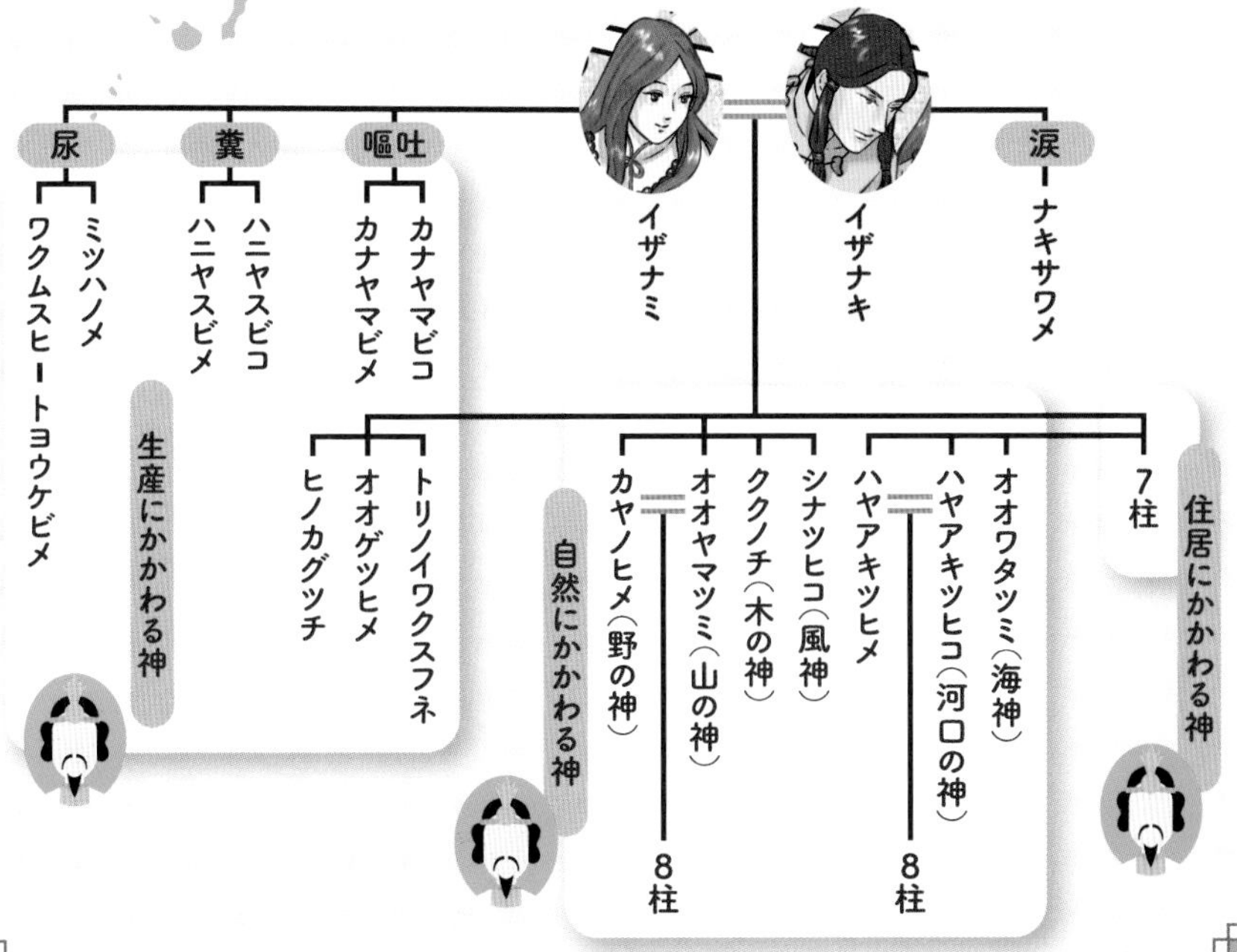

イザナミ
イザナキ
尿
ミツハノメ
ワクムスヒ－トヨウケビメ
糞
ハニヤスビコ
ハニヤスビメ
嘔吐
カナヤマビコ
カナヤマビメ
涙
ナキサワメ
生産にかかわる神
トリノイワクスフネ
オオゲツヒメ
ヒノカグツチ
自然にかかわる神
シナツヒコ（風神）
ククノチ（木の神）
オオヤマツミ（山の神）
カヤノヒメ（野の神）
8柱
オオワタツミ（海神）
ハヤアキツヒコ（河口の神）
ハヤアキツヒメ
8柱
7柱
住居にかかわる神

黄泉国のイザナキとイザナミ

100字で要約

イザナキは死んだイザナミを追いかけて地下世界の黄泉国《よみのくに》を訪問。しかし、イザナミは腐乱しており、イザナキは必死の思いで逃げることに。逃げ切った後には、禊《みそぎ》によって三《み》貴神《はしらのうずのみこ》（三貴子《さんきし》）を得ました。

神生みの際、陰部に負った大火傷が原因で絶命したイザナミ。愛しき妻をあきらめきれないイザナキは、死者が住む黄泉国を訪れ、愛妻を連れ戻そうとします。

イザナミはすでに黄泉国の食物を食べ、地上に戻れない身でしたが、黄泉国の大神に相談してみることにします。このときイザナキとイザナミは、「絶対になかをのぞかない」と約束しました。ところが、イザナキが我慢できずにのぞき見したところ、イザナミは体中にウジがわいて腐乱した醜い姿になっていたのです。

逃げ出したイザナキを、逆上したイザナミは鬼女ヨモツシコメに追わせますが、イザナキは逃げ通し、この世とあの世の境にある黄泉比良《よもつひら》坂《さか》に巨岩を置いて道をふさぎ、イザナミと決別。イザナミは怒りが収まらず、「人間を一日に千人殺そう」と述べると、イザナキは「新たな生命を一日に千五百生み出そう」と応じました。こうして生と死が分かれたとされています。

アマテラス、スサノオらを生む

その後、イザナキが身を浄めるため、日向《ひむか》の阿波岐原《あわきはら》の小戸で禊を行うと、脱ぎ捨てた服や身体の穢《けが》れなどから神々が生まれました。

禊の最後に顔を洗うと、左目からアマテラス、右目からツクヨミ、鼻からスサノオの三貴神が誕生。イザナキは「尊い子を得た」と喜び、アマテラスに天上世界の高天原、ツクヨミに夜の世界、スサノオには海の世界を統治させました。

『日本書紀』との違い

『日本書紀』では、イザナミが死んだり、黄泉国を訪れたりする記述がありません。イザナキとイザナミは仲良く子（神々）を生み続けました。アマテラスら三貴神も、二神で生んだとされています。

出典

『古事記』上つ巻

主な登場人物

- イザナキ
- イザナミ
- ヨモツシコメ

黄泉国でのイザナキとイザナミのやりとり

1 イザナキが黄泉国を訪れ、
イザナミを連れ戻そうとする

「ここを出て地上に戻り、また一緒に暮らそうではないか」

2 イザナミは黄泉国の大神に相談。
その間、絶対になかをのぞかないように約束する

「黄泉国の大神に相談してみるわ。ただし…その間に決してなかをのぞかず、そこで待っていて」

3 イザナキがのぞき見すると、
イザナミは腐乱していた

「ひいーっ、その姿はどうしたのだっ。体が腐っているではないか…」

4 イザナミは激怒し、
逃げるイザナキを追跡させる

「見たなっ!! よくも私に恥をかかせたわね、ヨモツシコメよ、あの男を追いなさいっ」

5 イザナキは黄泉比良坂に巨大な石を置いて
道をふさぎ、イザナミと決別することになった

**地上に戻ったイザナキが禊を行うと、
多くの神々が生まれた**

この三柱を「三貴神」といい、アマテラスは高天原、ツクヨミは夜の世界、スサノオは海の世界の統治を任せられることになった

アマテラスとスサノオの軋轢

100字で要約

三貴神のスサノオが乱暴狼藉《ろうぜき》をはたらきます。姉のアマテラスと〝神生み勝負〟を行い、一方的に勝利宣言をすると、高天原でも暴れました。そんな弟に愛想を尽かしたアマテラスは、天石屋《あめのいわや》に閉じこもってしまいます。

三貴神のアマテラスは高天原、ツクヨミは夜の世界、スサノオは海の世界を統治することになりました。しかし、スサノオは「母のイザナミがいる地下世界の根の国に行きたい」と泣きわめき、海へ向かおうとしません。激怒したイザナキはスサノオを追放しました。

そのためスサノオは仕方なく、姉のアマテラスに暇乞《いとまご》いをしようと天上の高天原へ向かいます。しかし、アマテラスは高天原を侵略しにきたのかと警戒し、武装して出迎えました。スサノオは身の潔白を示そうと、神意を問うための占いである誓約《うけい》をしようと提案。互いの持ち物を噛み砕き、神を生み出そうというのです。

アマテラスがスサノオの剣を噛み砕いて三柱の女神を生み出すと、スサノオはアマテラスの勾玉《まがたま》から五柱の男神を生み出します。これにより、スサノオは「自分の心が清らだからこそ女神が生まれた」と一方的に勝利を宣言しました。

スサノオの乱暴がエスカレート

勝ちにおごったスサノオは神聖な田を壊したり、御殿に糞をまき散らしたりと、高天原で狼藉をはたらきます。当初、アマテラスはそんな弟をかばっていました。

しかし、スサノオの乱暴はエスカレートしていきます。馬の皮を剥いで機織《はたお》り小屋に投げ込むと、驚いた機織り女が死んでしまいます。

これで堪忍袋《かんにんぶくろ》の尾が切れたアマテラスは、天石屋にこもってしまいました。

出典

『古事記』上つ巻

主な登場人物

- **アマテラス**
- **スサノオ**

『日本書紀』との違い

『古事記』では誓約の判断基準が省かれ、スサノオの勝利が一方的に宣言されます。一方、『日本書紀』では誓約の前にスサノオ自身が「女が生まれたら邪心、男が生まれたら清心」と勝負の判断基準が示されています。

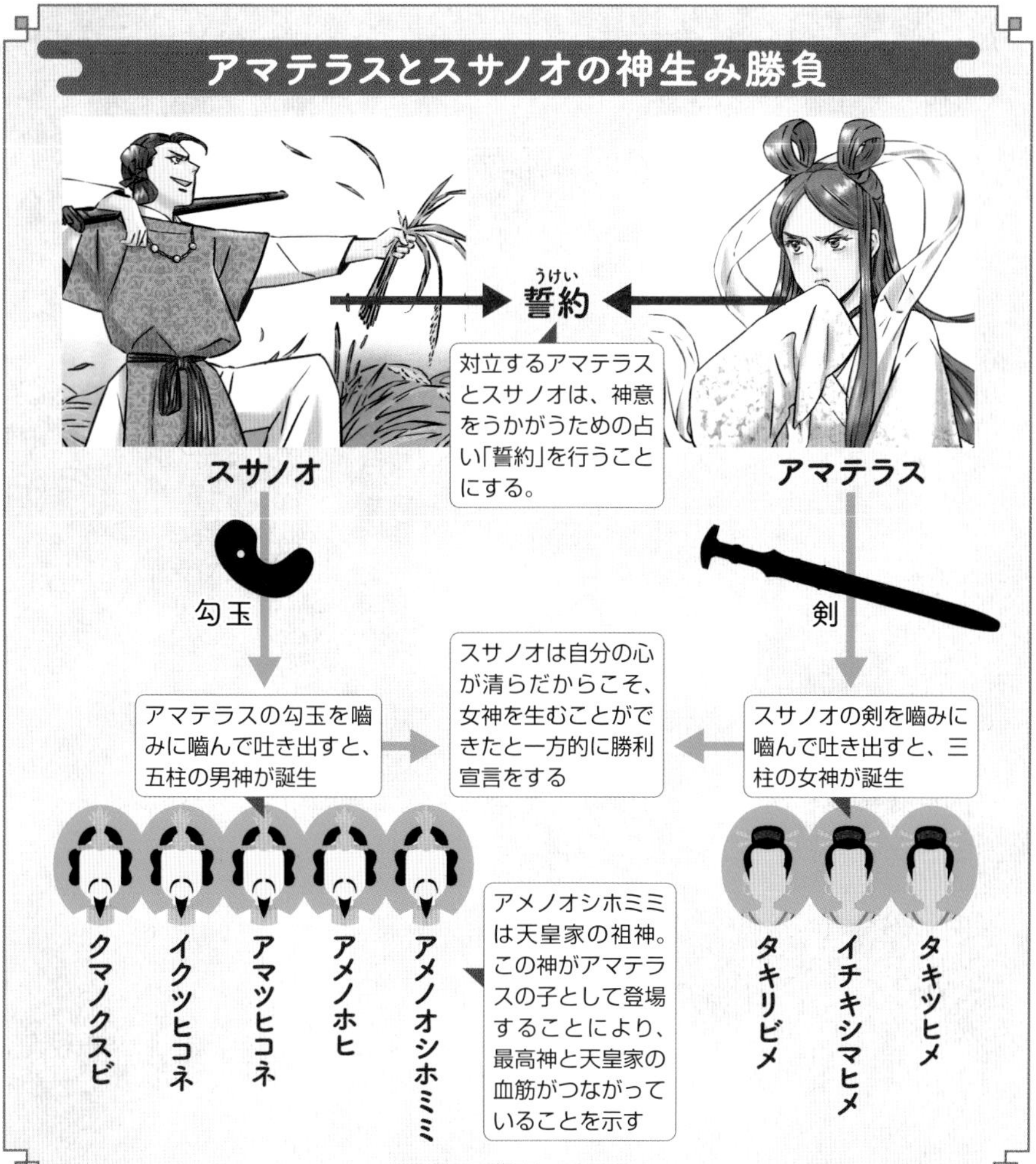
アマテラスとスサノオの神生み勝負
誓約《うけい》
対立するアマテラスとスサノオは、神意をうかがうための占い「誓約」を行うことにする。
スサノオ
アマテラス
勾玉
剣
アマテラスの勾玉を噛みに噛んで吐き出すと、五柱の男神が誕生
スサノオは自分の心が清らだからこそ、女神を生むことができたと一方的に勝利宣言をする
スサノオの剣を噛みに噛んで吐き出すと、三柱の女神が誕生
アメノオシホミミ
アメノホヒ
アマツヒコネ
イクツヒコネ
クマノクスビ
アメノオシホミミは天皇家の祖神。この神がアマテラスの子として登場することにより、最高神と天皇家の血筋がつながっていることを示す
タキツヒメ
イチキシマヒメ
タキリビメ

舞台探訪

沖ノ島《おきのしま》

玄界灘《げんかいなだ》に浮かぶ沖ノ島（写真）には、宗《むな》像《かた》三女神《さんじょしん》の一柱であるタキツヒメが祀られている沖津宮《おきつみや》が鎮座しています。島内には4～9世紀頃の祭祀遺跡があり、当時の人々から篤く信仰されていたことがうかがえます。2017年には世界遺産に登録されました。

アマテラスの天石屋ごもり

100字で要約

太陽神のアマテラスが天石屋にこもってしまったことにより、世界は闇に包まれました。そこで高天原の神々はアマテラスを外に出すために策を打ちます。その策は見事に成功し、世界に光が戻りました。

アマテラスは太陽のような神です。そのアマテラスが天石屋に隠れたため、世界が闇に包まれてしまいました。暗闇に乗じて悪神がうごめき出し、次々と天変地異が起こりました。

これに困った高天原の神々は思慮《しりょ》の神オモイカネに相談し、アマテラスを外に出すための方策を考えます。祭祀を行い、天石屋から誘い出すというものです。

オモイカネは玉飾りと鏡をつくらせ、サカキに結びつけます。それをフトダマが掲げ、アメノコヤネが祝詞《のりと》を奏上するなか、巫女《みこ》姿のアメノウズメが踊りを開始。胸もあらわにした激しい踊りは、大きな笑いをもたらしました。

妖しく踊り狂うアメノウズメ

その騒ぎが気になったアマテラスが外の様子を探ろうとして少し戸を開けると、鏡が差し出されました。アマテラスは鏡に映った美しい女神を自分とは思わず身を乗り出します。

その瞬間、戸の横にいた怪力自慢のアメノタヂカラオが戸をこじ開け、アマテラスを外に引っ張り出したのです。そしてフトダマが注連《しめ》縄《なわ》を張り、アマテラスが再びなかに入れないようにしました。

アマテラスが天石屋から出てきたことにより、闇に包まれていた世界に光が戻りました。

なお、この作戦で活躍したフトダマ、アメノコヤネ、アメノウズメなどはのちに地上に降り、祭祀氏族の祖となっています。

『日本書紀』との違い

『古事記』では、アマテラスが天石屋に隠れたことにより、高天原と葦原中国の両方が暗闇に包まれたとあります。一方、『日本書紀』ではもともと高天原という概念が明白でないため、単に葦原中国が闇に包まれたと記しています。

出典

『古事記』上つ巻

主な登場人物

- アマテラス
- アメノウズメ
- アメノタヂカラオ
- フトダマ

アマテラス誘い出し作戦

スサノオの狼藉を受けて天石屋にこもってしまったアマテラス。
この太陽神を外に引きずり出すため、神々は知恵を凝らした

1 オモイカネ
思慮の神。アマテラスを外に出すための策を考え、神々を天石屋の前に集合させた

2 フトダマ
神具をつけた真榊《まさかき》を大御幣《おんぺい》としてもつ（忌部《りんべ》氏の祖神）

3 アメノコヤネ
祝詞を唱える（中臣《なかとみ》氏の祖神）

4 アメノウズメ
天石屋の前で半裸になって踊り狂い、大きな笑いを引き起こす（猿女《さるめ》氏の祖神）

5 アメノタヂカラオ
怪力の神。外の騒ぎを聞きつけ、天石屋から顔をのぞかせたアマテラスを外に引っ張り出す

6 フトダマ
天石屋に注連縄を張り、アマテラスが再び引きこもれないようにする

アマテラスが外に出てくると、
闇に包まれていた地上に光が戻った

舞台探訪

天岩戸神社《あめのいわと》

天石屋ごもりの伝承地は西日本を中心に点在していますが、とくに有名なのが宮崎県高千穂《たかちほ》町の天岩戸神社です。西本宮の拝殿《はいでん》の背後には、御神体の天岩戸が鎮座。近くを流れる岩戸川を遡ると、神々が集まった天安河原《あまのやすかわら》の比定地（写真）があります。

スサノオのヤマタノオロチ退治

100字で要約

スサノオは出雲の地で娘を食べるヤマタノオロチの話を聞きます。オロチ退治を引き受けたスサノオは、オロチが酒に酔った隙に斬り刻んで勝利。オロチの犠牲になるはずだったクシナダヒメを妻として迎えます。

高天原を追放されたスサノオは、地上世界の出雲に降り立ちます。

出雲では若い娘を囲んで泣いている老夫婦を目にしました。スサノオが事情を尋ねると、老爺は土着神オオヤマツミの子アシナヅチ、老婆はテナヅチ、娘はクシナダヒメだと正体を明らかにし、身の上話をはじめました。それによると、八人いた老夫婦の娘が毎年一人ずつヤマタノオロチに食べられていき、最後の娘が食べられる時期が迫っているというのです。ヤマタノオロチとは、八つの頭と尾をもち、その体は八つの山と谷にまたがる巨大な蛇です。

大蛇を酔いつぶして斬り刻む

スサノオは娘を妻にすることを条件にオロチ退治を申し出て、八つの門を設け、そこに酒入りの桶を置くように指示しました。そしてクシナダヒメを櫛に変えて自分の頭髪に挿し、敵を待ち受けました。

やがて現れたオロチは八つの頭で酒を飲み干し、酔いつぶれてしまいます。その様子を見ていたスサノオは、ここぞとばかりにオロチの体を斬り刻み、見事に退治しました。巨体からは大量の血が流れ出し、斐伊川《ひいかわ》が赤く染まったといいます。また尻尾の中程からは、のちに三種の神器《じんぎ》のひとつとなる草薙剣《くさなぎのつるぎ》が出現しました。

こうしてスサノオは約束どおりクシナダヒメを妻として迎え、出雲の須賀の地に宮殿を構えて暮らしたとされています。

出典

『古事記』上つ巻

主な登場人物

- スサノオ
- クシナダヒメ
- ヤマタノオロチ

『日本書紀』との違い

『日本書紀』の別伝には、スサノオが出雲に行く前に朝鮮の新羅《しらぎ》へと立ち寄ったという記事があります。結局、新羅を気に入らず出雲に降臨しましたが、そこからスサノオは渡来系の人々が信仰する神だったともいわれています。

スサノオとヤマタノオロチの攻防

- 8つの尾と頭をもつ巨大な蛇
- 目が赤く、腹はいつも血でただれている
- 毎年村にやってきて、娘を食べていた

ヤマタノオロチ

スサノオ

- 荒ぶる神。高天原の問題児
- 高天原での乱行が姉であるアマテラスの天石屋ごもりの原因となった
- 高天原から地上に降り、ヤマタノオロチ退治を引き受ける

戦いの経過

スサノオはクシナダヒメを櫛に変えて髪にさす

▼

スサノオは強い酒（八塩折の酒）を用意させ、オロチに飲ませるべく仕掛けておく

▼

酒を飲んだオロチが酔いしれて眠る

▼

寝ているオロチをスサノオが剣で切り刻む

もっと知りたい記紀

ヤマタノオロチの正体

8つの頭をもつ大蛇の正体は、島根県東部を今も流れる斐伊川ではないかといわれています。この川はいくつもの支流に分かれ、よく氾濫して田を飲み込んでいました。また上流は砂鉄の産地で、酸化により川が赤く濁ることもありました。そうしたことから、ヤマタノオロチは斐伊川を象徴している可能性が指摘されています。

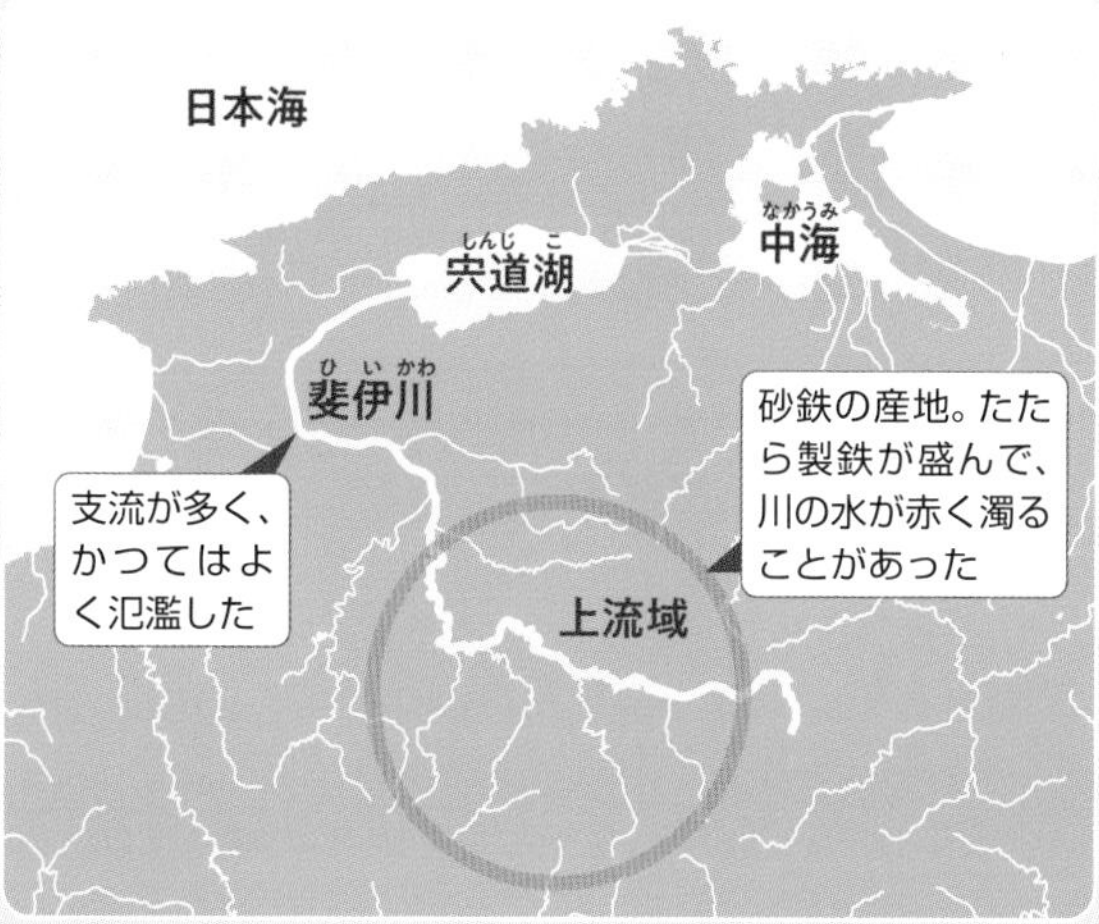

日本海
宍道湖《しんじこ》
中海《なかうみ》
斐伊川《ひいかわ》
支流が多く、かつてはよく氾濫した
砂鉄の産地。たたら製鉄が盛んで、川の水が赤く濁ることがあった
上流域

「八百万《やおよろず》」といわれる神々、実際は何柱存在する?

『古事記』『日本書紀』には数多くの神々が登場し、その数の多さを「八百万の神」と表現しますが、本当に800万柱の神々がいるわけではありません。では、実際にはどれくらいの神が存在するのでしょうか。

古来、自然の豊かな国土に暮らしてきた日本人は森羅万象《しんらばんしょう》に精霊が宿ると信じてきました。こうした自然崇拝(アニミズム)を背景に、山、川、岩、木など至るところに神が見いだされ、のちには人間が神として崇《あが》められるようになるケースも増えていきました。その結果、神の数がどんどん膨れ上がっていったのです。

『古事記』では、数え方によって異なりますが、イザナキ・イザナミの夫婦神が生んだ35柱の神をはじめ、全体で321柱もの神が登場します。

さらに各国の『風土記《ふどき》』をはじめとする古典、民間信仰の神なども加えると、数えきれないほど多くの神々が存在していることになります。その多さを「八百万」と表現したというわけです。

ちなみに神の名を漢字表記する場合、「神」「命」「尊」といった尊称がつけられます。『日本書紀』では至って尊い神には「尊」、それ以外は「命」としています。一方、『古事記』では神全体に「神」をつけ、その神の「み言もち」として「命」をつけています。

八百万の神の背景

日本人は古来、森羅万象に精霊が宿るとする自然信仰をもっていたため、至るところに神が見い出され、多くの神々が生み出された。樹木に宿る神霊も神として崇拝される。ただし、樹木自体が神として崇拝されることはない

第2章
日本列島の誕生

地上世界で国づくりに邁進したオオクニヌシ。
しかし、その国を支配したのは……

名場面でわかる!

記紀のあらすじ

本章の主役はオオクニヌシです。オオクニヌシは兎を助けたり、地下にある根《ね》の堅《かた》州《す》国《くに》でスサノオの試練を受けたりした後、国づくりに邁進。その国を栄えさせますが、天上の高天原の神々に支配権を狙われることになります。

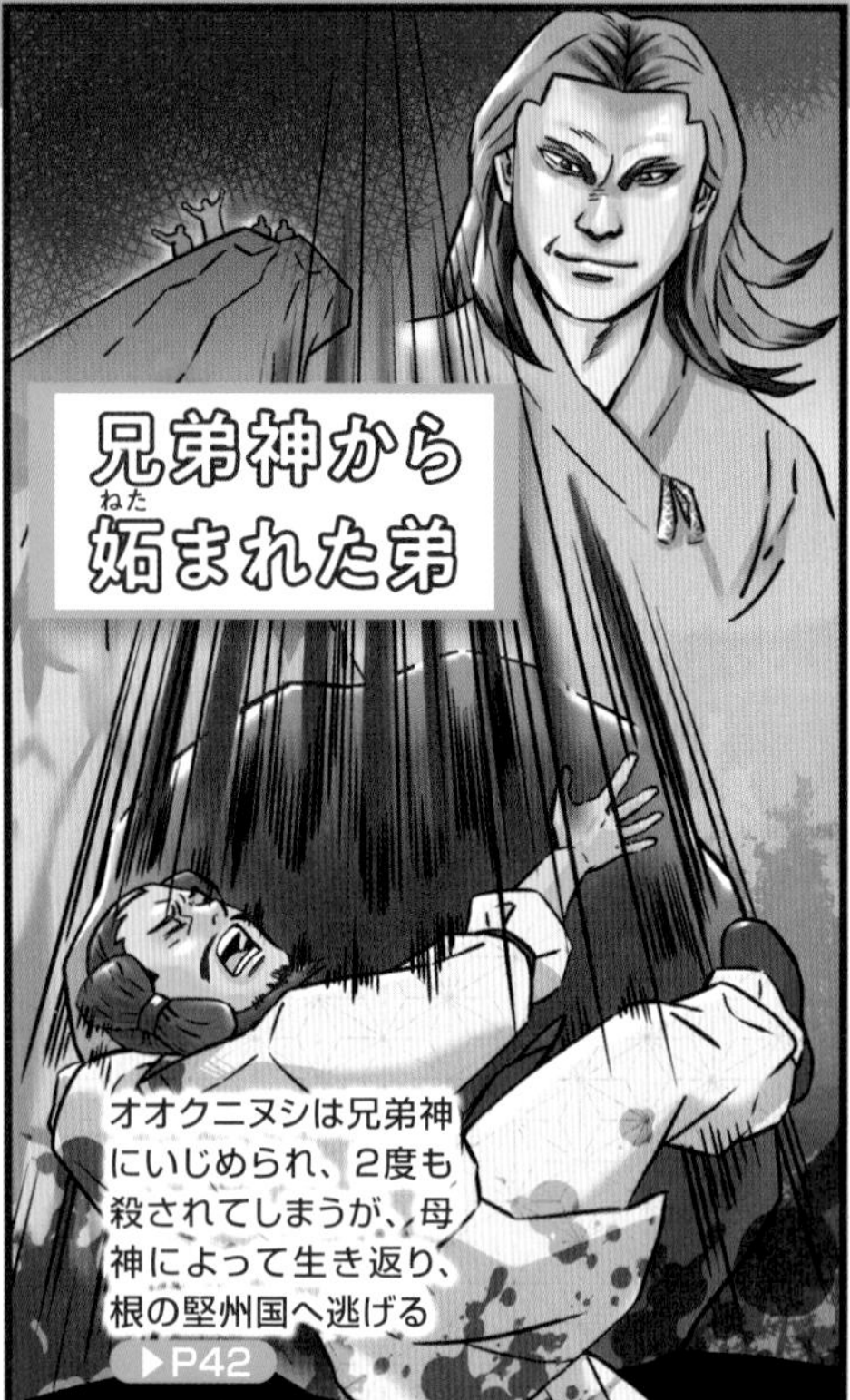
兄弟神から妬《ねた》まれた弟
オオクニヌシは兄弟神にいじめられ、2度も殺されてしまうが、母神によって生き返り、根の堅州国へ逃げる
▶P42

オオクニヌシと稲羽《いなば》の素兎《しろうさぎ》
オオクニヌシ（オオナムヂ）が出雲の地で兎を助ける。そして兎の予言どおり、ヤガミヒメと結婚する
▶P40

スサノオによる試練
オオクニヌシは根の堅州国の支配者であるスサノオから試練を課され、散々な目にあう
▶P44

高天原《たかまのはら》から
降臨《こうりん》する天孫《てんそん》
高天原からニニギをはじめとする神々が降臨し、葦原中国の支配者となる ▶P50

オオクニヌシの
国づくり
根の堅州国から戻ったオオクニヌシは、スクナビコナなどとともに国づくりに励んだ
▶P46

高天原の
神々による
地上征服計画
オオクニヌシによって葦原中国《あしはらのなかつくに》が栄えると、高天原の神々が地上征服を試みる
▶P48

オオクニヌシと稲羽の素兎

100字で要約

スサノオの子孫のオオクニヌシ（オオナムヂ）が出雲の地で活躍をみせます。ワニ（ワニザメ）によって皮を剥《は》がれた兎に出逢うと、オオクニヌシはその兎を助けました。そして兎から「ヤガミヒメと結婚する」といわれ、本当に結婚することになりました。

スサノオが出雲の地を訪れ、ヤマタノオロチを退治してから長い年月が過ぎ、スサノオの六代目の子孫にあたるオオクニヌシが登場します。

オオクニヌシは若い頃の名をオオナムヂといい、兄弟神が多くいました。あるとき兄弟神たちは、ヤガミヒメに求婚するため稲羽へ向かうことになり、オオナムヂも荷物持ちとして同行しました。

気多《けた》の岬を通りかかると、皮がむけて丸裸で泣いている兎に出逢います。オオナムヂが兎に涙のわけを尋ねたところ、ワニをだまして背中を渡ろうとしたものの、企《たくら》みがばれてワニの怒りを買い、皮を剥がされてしまったとのこと。それればかりか、兎は兄弟神から「海水を浴びて風に吹かれていれば治る」と教えられ、そのとおりにした結果、激痛に襲われたというのです。

白兎を助けてヒメと結婚

兎を憐れんだオオナムヂは、「真水で体を洗い、ガマの穂の上で寝れば治る」と助言。そのとおりにしてみると兎の傷が本当に治り、兎から「あなたこそがヤガミヒメと結婚するでしょう」という予言を得ました。はたしてオオナムヂはヤガミヒメに結婚相手として選ばれ、一緒になりました。

この、いわゆる「稲羽《いなば》の素兎《しろうさぎ》」の物語は、まれにしか現れない人に親切にすると幸福が訪れる「まれびと来臨《らいこう》」の類型とされています。よく似た物語が各地に残っています。

『日本書紀』との違い

『日本書紀』には、「稲羽の素兎」をはじめとする出雲神話がほとんど登場しません。当時の出雲は有力な勢力とはいえ、あくまで地方の勢力であったため、編纂者に収録する必要はないと考えられたのかもしれません。

出典

『古事記』上つ巻

主な登場人物

- オオクニヌシ
- 兄弟神
- 兎

兎を助けたオオナムヂ

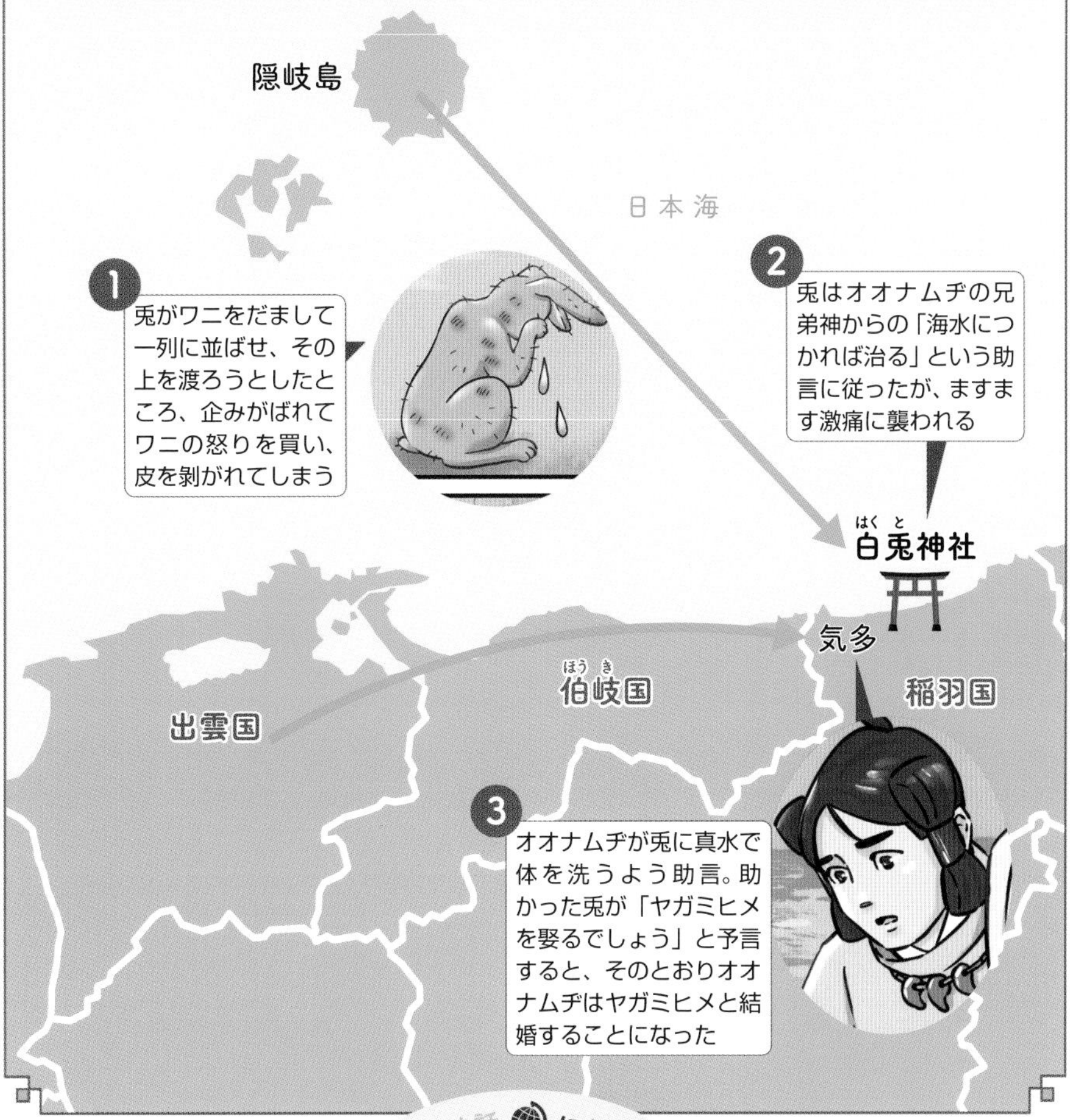

隠岐島
日本海
1
兎がワニをだまして一列に並ばせ、その上を渡ろうとしたところ、企みがばれてワニの怒りを買い、皮を剝がれてしまう
2
兎はオオナムヂの兄弟神からの「海水につかれば治る」という助言に従ったが、ますます激痛に襲われる
白兎《はくと》神社
気多
伯岐《ほうき》国
稲羽国
出雲国
3
オオナムヂが兎に真水で体を洗うよう助言。助かった兎が「ヤガミヒメを娶るでしょう」と予言すると、そのとおりオオナムヂはヤガミヒメと結婚することになった

世界神話 にも注目!

ワニとはサメのこと?

兎とワニのエピソードは、日本だけでなく東南アジアやオセアニアなどにも伝わっており、地域によっては兎が猿や鹿などに置き換わっていたりします。南方にワニはいても、日本には棲息していないので、「稲羽の素兎」の物語に登場するワニはワニザメのことと推測されています。

兄弟神から妬まれた弟

100字で要約

オオナムヂ（オオクニヌシ）はヤガミヒメと結婚したことで兄弟神たちに妬まれ、二度も殺されてしまいます。しかし、オオクニヌシは母神のおかげで二度とも生き返り、地下にある根《ね》の堅州国《かたすくに》に逃亡することになりました。

オオクニヌシとヤガミヒメが結婚すると、兄弟神たちが激怒し、オオクニヌシの殺害を計画します。兄弟神たちは「イノシシを狩る」といってオオクニヌシを手間《てま》の山に誘い出し、真っ赤に焼けた大岩を山の上から落としたのです。オオクニヌシは大岩に焼きつぶされ、死んでしまいました。

しかし、オオクニヌシの母神が高天原《たかまのはら》のカムムスヒに救いを求めると、二柱《ふたはしら》の女神がやってきて治療してくれました。そのおかげでオオクニヌシは生き返ります。

それでも兄弟神たちはあきらめません。またもやオオクニヌシを山へ誘い出し、大木の裂け目に押し込んで圧死させたのです。

二度死んだオオクニヌシを助けたのは、やはり母神でした。母神は木の間から息子を助け出して生き返らせ、木《き》（紀）の国へ逃がしました。

スサノオが支配する地下世界へ

そして兄弟神たちが木の国に迫ると、オオクニヌシは木の股の穴から地下にある根の堅州国へと逃亡。オオクニヌシはようやく兄弟神たちから逃げ切ることができたのです。根の堅州国の支配者は、オオクニヌシの先祖であるスサノオでした。

オオクニヌシは二度の死と再生を繰り返しました。この受難は少年の体が死に、一人前の男として生まれ変わるという古代の成人儀礼に由来するものともいわれています。

『日本書紀』との違い

オオクニヌシは『古事記』ではスサノオの6代目の子孫とされていますが、『日本書紀』ではスサノオの息子ともされています。いずれにせよ、アマテラスの弟であるスサノオの子孫が地上の世界をつくることになりました。

出典

『古事記』上つ巻

主な登場人物

- オオクニヌシ
- 兄弟神
- 母神

二度も殺されたオオクニヌシ

二度目の殺害
兄たちに山に誘い出され、大木の裂け目に押し込まれ、オオクニヌシは圧死してしまう
オオクニヌシの母神が再び息子を蘇生させ、木の国へと逃がす
稲羽国
伯岐国
出雲国
手間の山
最初の殺害
兄弟神たちに真っ赤に焼けた大岩を山の上から落とされ、オオクニヌシは焼き殺されてしまう
オオクニヌシの母神がカムムスヒに助けを求め、オオクニヌシを生き返らせる
オオクニヌシは母神の助けにより、木の国へと逃亡
木の国
兄弟神たちが木の国へ迫ると、オオクニヌシは地下の根の堅州国へと逃げた

世界神話にも注目!

オオクニヌシの受難の意味

オオクニヌシは兄弟神たちに2度も殺されることになりましたが、エジプト神話に登場する天空の神ホルス（写真左）も叔父に父を殺されたり、迫害を受けたりしていました。その叔父を倒すことで王になったのです。偉大な神には受難がつきものなのかもしれません。

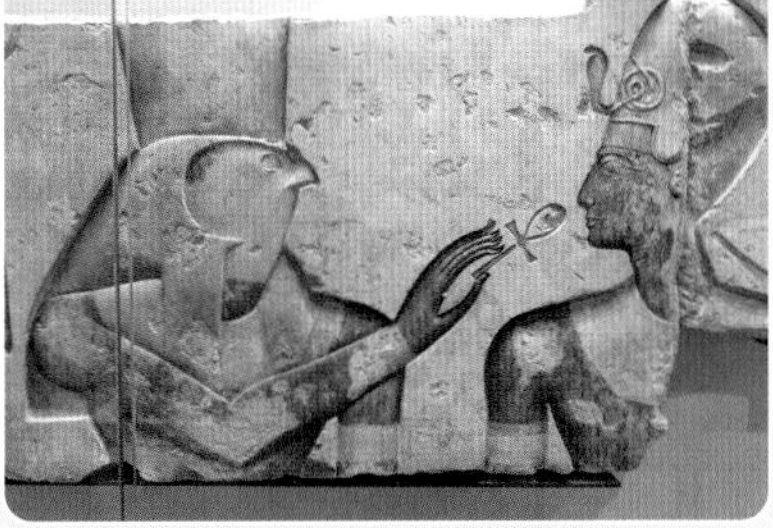

スサノオによる試練

100字で要約

根の堅州国を訪問したオオクニヌシは、スセリビメに一目惚れします。スセリビメの父はスサノオで、厳しい試練を課されますが、オオクニヌシはすべての試練をクリアし、スセリビメとともに地下世界から逃げ出しました。

オオクニヌシが根の堅州国に到着すると、スサノオの娘スセリビメが現れ、ふたりはすぐに恋に落ちます。そこでスサノオは、オオクニヌシに対して試練を課しました。

まずオオクニヌシを蛇が出る部屋に入れ、翌日はムカデとハチが出る部屋に入れました。このときオオクニヌシは、スセリビメから渡されていた魔力をもつ布を振りまわして蛇やムカデを追い払いました。

次いでオオクニヌシは、野原に放った矢を拾うように命じられます。野原に出向くと火を放たれ、炎に囲まれてしまいました。このときオオクニヌシは、ネズミから地下の空洞に隠れるように教わり、火をやり過ごしました。

髪に巣食ったムカデをとる

オオクニヌシが最後に課された試練は、スサノオの頭のシラミとり。髪に巣食ったシラミをとれというものですが、実際はシラミではなくムカデでした。このときオオクニヌシは、スセリビメにもらった赤土と木の実を噛み砕き、ムカデをかみ殺しているように偽装します。そしてスサノオが眠り込んだ隙に髪を椽《たるき》に縛りつけ、スサノオの大刀と弓矢を取りもって、スセリビメとともに逃げ出したのです。

目を覚ましたスサノオは追いかけてきましたが追いつかず、オオクニヌシに「その大刀と弓矢で兄弟神たちを追い伏せ、葦原中国の王となれ」と呼び掛けて送り出しました。

『日本書紀』との違い

『古事記』同様、『日本書紀』にもスサノオが根の堅州国に向かったと記されています。しかし、地下の世界についての描写はなく、オオクニヌシによる根の国訪問のエピソードもありません。もちろん、スセリビメも登場しません。

出典

『古事記』上つ巻

主な登場人物

- **オオクニヌシ**
- **スセリビメ**
- **スサノオ**

オオクニヌシが地下世界で受けた試練

葦原中国《あしはらのなかつくに》

地上の世界。出雲や木の国(紀の国)などから地下の世界につながる道があるとされる

黄泉《よもつ》比《ひ》良《ら》坂《さか》

イザナミが支配？

黄泉《よみの》国《くに》

スサノオが支配する

根《ね》の堅《かた》州《す》国《くに》

イザナミ

この2つが地下の世界とされる。ただし、2つを同一視することもある

スサノオ

根の堅州国を訪れ、スセリビメと恋に落ちたオオクニヌシに対し、スセリビメの父スサノオは厳しい試練を課す

オオクニヌシ

オオクニヌシが与えられた4つの試練

試練 1

蛇が出る部屋に入れられる

▼

スセリビメからもらった魔力をもつ布を振りまわして追い払う

試練 2

ムカデとハチが出る部屋に入れられる

▼

スセリビメからもらった魔力をもつ布を振りまわして追い払う

試練 3

野原に放った矢を拾うように命じられ、火を放たれる

▼

ネズミの教えで洞穴に隠れて助かる。矢もネズミにとってきてもらう

試練 4

スサノオの髪に巣食ったムカデをとるように命じられる

▼

スセリビメにもらった赤土と木の実を噛み砕き、ムカデを殺しているように偽装

オオクニヌシ

すべての試練を潜り抜けたオオクニヌシは、スセリビメとともに根の堅州国から脱出する

オオクニヌシの国づくり

100字で要約

オオクニヌシは根の堅州国から地上に戻り、国づくりをはじめます。最初は農耕の神スクナビコナと、スクナビコナが去った後は祭祀を司るオオモノヌシと協力し、二人三脚で国をつくって堅めていきました。

根の堅州国から地上に戻ったオオクニヌシは、兄弟神たちを倒します。そして葦原中国《あしはらのなかつくに》で国づくりを開始することにしました。

ただし、その前に子孫を増やすべく、ヤガミヒメやタキリビメといった多くの女神たちと恋愛を繰り広げ、男女の契《ちぎ》りを結んでいきます。

正妻のスセリビメはそんな夫に嫉妬の炎を燃やし、ヤガミヒメを故郷の稲羽に追い返してしまうほどでした。それでもオオクニヌシは態度を改めず、コトシロヌシなど多くの子をもうけました。

海の彼方から来たスクナビコナ

やがてオオクニヌシが本格的に国づくりに取り掛かると、海の彼方の常世国《とこよのくに》から出雲の岬に小さな神がやってきました。カムムスヒの子で、農耕の神のスクナビコナです。

オオクニヌシはスクナビコナと力を合わせながら国づくりに邁進。二神の国づくりは順調に進んでいきました。

しかし、スクナビコナはある日突然、常世国に帰ってしまいます。オオクニヌシが途方に暮れていると、またしても海の向こうからオオモノヌシという神がやってきました。

オオモノヌシが「私を大和の御諸《みもろ》（三輪）山の頂上に祀れば協力しよう」というので、オオクニヌシがそのとおりにし、二神で協力して国づくりを進めました。こうしてようやく葦原中国が完成したのです。

『日本書紀』との違い

『日本書紀』には、オオクニヌシの恋愛譚は記載されていません。また、スクナビコナはカムムスヒの子ではなくタカミムスヒの子とされ、いたずらがすぎて、タカミムスヒの指からこぼれ落ちたと説明されています。

出典

『古事記』上つ巻

主な登場人物

- オオクニヌシ
- スセリビメ
- スクナビコナ
- オオモノヌシ

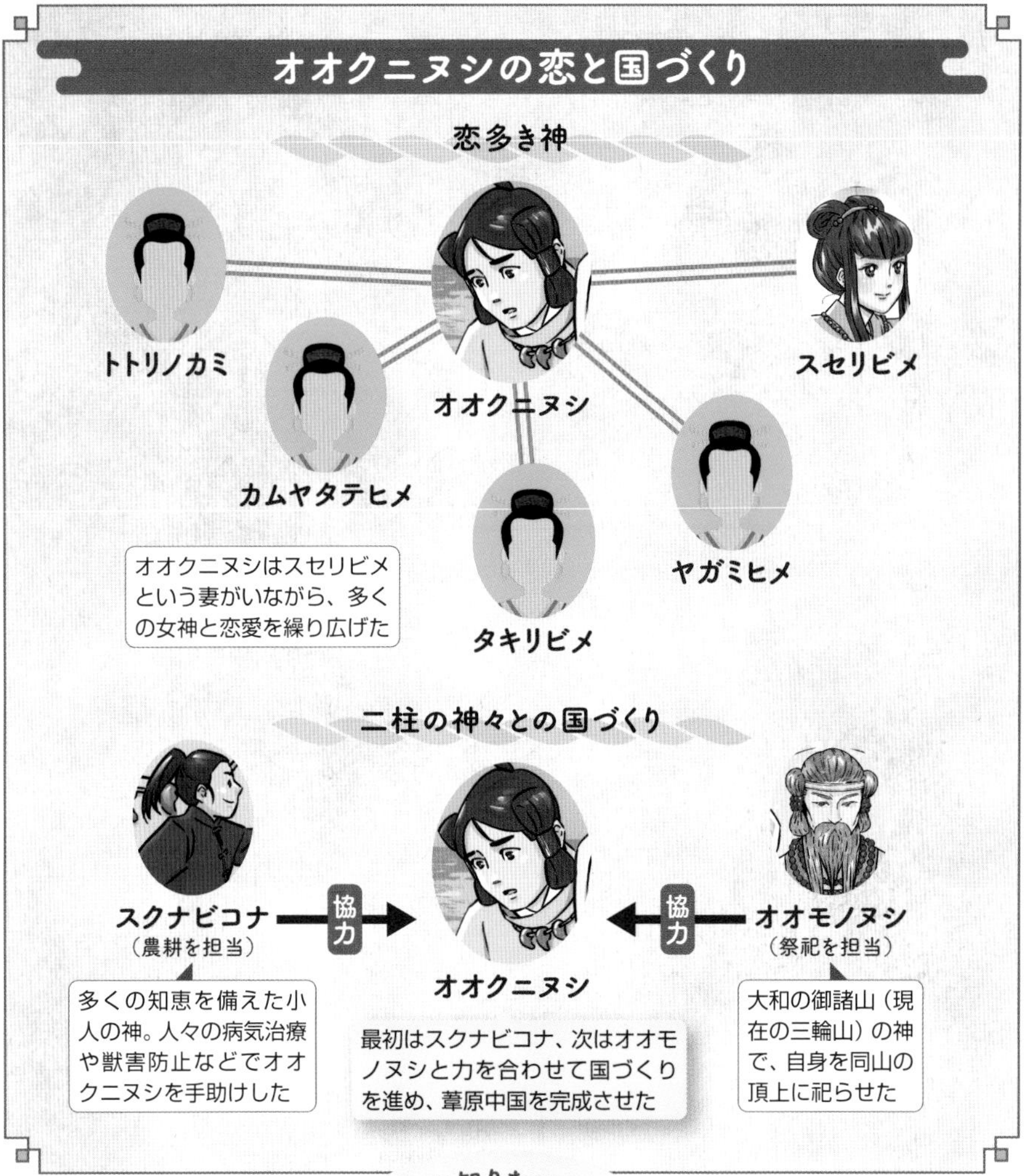
オオクニヌシの恋と国づくり
恋多き神
トトリノカミ
カムヤタテヒメ
オオクニヌシ
タキリビメ
ヤガミヒメ
スセリビメ
オオクニヌシはスセリビメという妻がいながら、多くの女神と恋愛を繰り広げた
二柱の神々との国づくり
スクナビコナ
（農耕を担当）
協力
オオクニヌシ
協力
オオモノヌシ
（祭祀を担当）
多くの知恵を備えた小人の神。人々の病気治療や獣害防止などでオオクニヌシを手助けした
最初はスクナビコナ、次はオオモノヌシと力を合わせて国づくりを進め、葦原中国を完成させた
大和の御諸山（現在の三輪山）の神で、自身を同山の頂上に祀らせた

もっと知りたい記紀

オオクニヌシと大《だい》国《こく》さま

開運招福

オオクニヌシは漢字で「大国主」と書き、大国は「だいこく」と読むことができます。そこから奈良時代以降、神を仏が姿を変えた存在と考える神仏習合《しんぶつしゅうごう》が広まると、オオクニヌシが福の神として知られる大黒天（写真）と同一視されるようになりました。

高天原の神々による地上征服計画

100字で要約

オオクニヌシがつくった葦原中国を高天原の神々が狙います。第四の使者として派遣されたタケミカヅチは、オオクニヌシの子タケミナカタと力比べし圧勝。オオクニヌシは国譲りを受け入れました。

オオクニヌシがつくった葦原中国は、大いに栄えました。それを見ていた高天原のアマテラスは、「自分たち天《あま》つ神《かみ》が治めるべきだ」と考え、オオクニヌシのもとへ使者を派遣します。

最初の使者はアマテラスの子アメノホヒでしたが、アメノホヒはオオクニヌシの娘シタテルヒメと結婚してしまいます。

第二の使者アメノワカヒコは葦原中国に長くとどまり、帰ってこなくなってしまいます。そこで第三の使者としてキジの鳴女《なきめ》を遣わすと、アメノワカヒコは「この鳥は鳴き声がひどい」といって射殺。その矢が高天原へ飛んできたためタカミムスヒが投げ返したところ、アメワカヒコの胸に当たって絶命しました。

その後、高天原の神々は第四の使者を遣わしました。刀剣の神タケミカズチです。

タケミカズチとタケミナカタの力比べ

タケミカズチは出雲の稲佐《いなさ》の浜に降り、波頭に逆さまに突き立てた剣の上に座って、オオクニヌシに「国を譲れ」と迫りました。

オオクニヌシが二人の息子に回答を委ねると、コトシロヌシは国譲りを受け入れましたが、もうひとりの息子タケミナカタは拒否し、タケミカズチに力比べを挑みます。

この戦いに勝利したのはタケミカズチ。タケミナカタは諏訪湖《すわこ》まで逃げて降参し、オオクニヌシは国譲りを承諾しました。こうして葦原中国は高天原の神々のものになったのです。

出典

『古事記』上つ巻

主な登場人物

- アマテラス
- オオクニヌシ
- タケミカヅチ
- タケミナカタ

『日本書紀』との違い

『日本書紀』ではアメノホヒの次にオオソビノミクマノウシが派遣されました。また、タケミカヅチが剣の神フツヌシとともに使者となり、オオクニヌシを降参させています。

国譲りの経緯

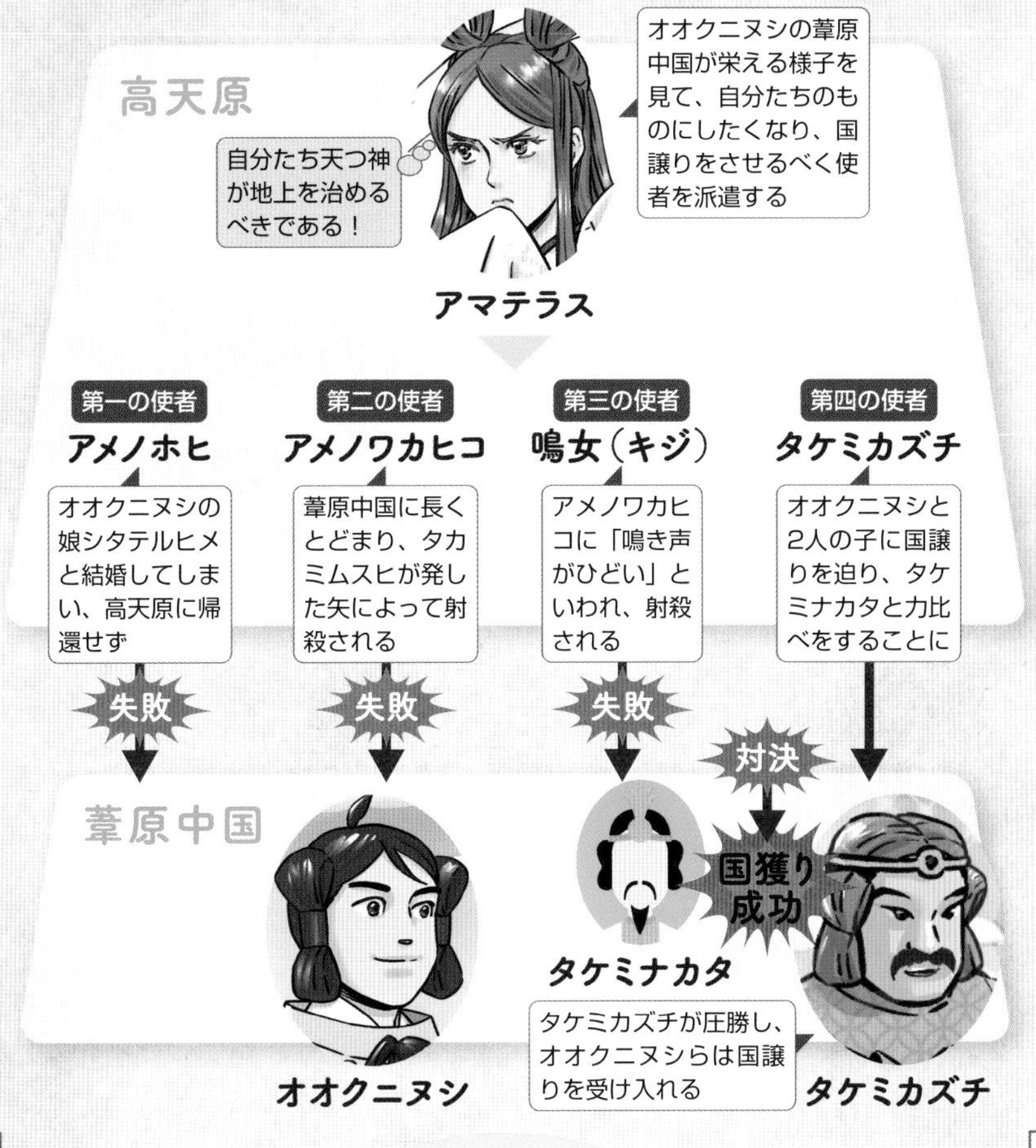

高天原
自分たち天つ神が地上を治めるべきである！
オオクニヌシの葦原中国が栄える様子を見て、自分たちのものにしたくなり、国譲りをさせるべく使者を派遣する
アマテラス
第一の使者
アメノホヒ
オオクニヌシの娘シタテルヒメと結婚してしまい、高天原に帰還せず
失敗
第二の使者
アメノワカヒコ
葦原中国に長くとどまり、タカミムスヒが発した矢によって射殺される
失敗
第三の使者
鳴女（キジ）
アメノワカヒコに「鳴き声がひどい」といわれ、射殺される
失敗
第四の使者
タケミカズチ
オオクニヌシと2人の子に国譲りを迫り、タケミナカタと力比べをすることに
対決
葦原中国
オオクニヌシ
タケミナカタ
国獲り成功
タケミカズチが圧勝し、オオクニヌシらは国譲りを受け入れる
タケミカズチ

もっと知りたい記紀

出雲大社の起源

オオクニヌシは高天原の神々への国譲りの条件として、自分が住むひときわ高い宮殿を建設することを求めました。その願いは受け入れられ、立派な宮殿が建てられます。それが現在の出雲大社（写真）の起源とされています。

高天原から降臨する天孫

100字で要約

太陽神アマテラスの孫ニニギが地上につくられた葦原中国の統治者として選ばれ、天上の高天原から降臨することになります。ニニギは多くの神々を引き連れて、高千穂《たかちほ》の峰へと降り立ちました。

国譲りが決定すると、アマテラスは息子のアメノオシホミミに対し、地上に降《お》りて葦原中国を統治するよう命じました。しかし、アメノオシホミミが自分自身ではなく息子（アマテラスの孫）のニニギを推薦したため、ニニギが降りることになります。

ニニギに従うのは天石屋《あめのいわや》の神話で活躍したアメノコヤネ、フトダマ、アメノウズメ、イシコリドメ、タマノヤの五神に加え、オモイカネ、タヂカラオ、アメノイワトワケなどの神々です。

ニニギはアマテラスから鏡、勾玉《まがたま》、草薙剣《くさなぎのつるぎ》という三種の神器《じんぎ》を授けられ、いよいよ高天原を出発しました。

高天原から高千穂の峰へ

ニニギ一行が天《あめ》の八衢《やちまた》という分かれ道にさしかかったとき、異形の神が一行の前に立ちはだかります。

アメノウズメが素性をたずねると、「国《くに》つ神《かみ》のサルタビコである」と名のり、地上までの道案内を申し出ました。国つ神とはスサノオなどの地上の神々のことで、アマテラスを中心とする高天原の神々は天《あま》つ神《かみ》といいます。

このサルタビコの先導により、ニニギ一行は雲をかきわけながら進みました。そして日向《ひむか》の高千穂の峰に降り立つと、宮殿を立てて住まいとしたのです。

ニニギが地上に降り立ち、統治者となるこの神話は天孫降臨と呼ばれています。

『日本書紀』との違い

『古事記』では、アマテラスが天孫降臨《てんそんこうりん》の際にニニギに「鏡を自分の御霊として祀りなさい」と伝えたことを伊勢神宮の起源としています。一方、『日本書紀』では第十三代崇神《すじん》天皇の時代にルーツがあるとしています。

出典

『古事記』上つ巻

主な登場人物

- アマテラス
- アメノオシホミミ
- ニニギ
- アメオウズメ
- サルタビコ

地上へ降りる神々

高千穂峰の国見ヶ丘からは美しい雲海を見ることができる

天孫降臨の地は高千穂峰や霧島連峰が有力視されているが、確定には至っていない
高千穂峰
（宮崎県高千穂町～宮崎県）
天孫降臨
霧島《きりしま》連峰
（鹿児島県霧島市）
多くの神々を従えたニニギは、サルタビコの先導で雲をかき分けながら進み、日向の高千穂の地に降臨。ニニギは「最上の土地だ」と喜び、宮殿を建てた

霧島連峰の高千穂峰の山頂にはニニギが突き立てたとされる天の逆鉾が立っている

もっと知りたい記紀

ニニギへの変更の意味とは？

天孫降臨に際し、アメノオシホミミは自分ではなく自身の子ニニギを推薦しました。この理由については、『古事記』編纂当時の天皇家のお家事情が絡んでいるという説があります。

第40代天武《てんむ》天皇の後、本来ならば息子の草壁皇子《くさかべのみこ》が皇位継承者になる予定でした。ところが、草壁皇子は27歳の若さで夭折《ようせつ》したため、いったん天武天皇の妻の持統《じとう》天皇が即位し、その後に孫の軽皇子を即位させました。『古事記』の編集者たちは、この皇位継承を正当化しようとして、アマテラスの孫にあたるニニギが推薦されたことにした可能性があるというものです。

神々が手にした三種の神器《じんぎ》が今も残されている?

天孫降臨に際して、アマテラスは孫のニニギに三種の神器を授けました。三種の神器といえば、戦後の日本では1950年代に普及しはじめた洗濯機・テレビ・冷蔵庫を指しました。しかし、本来は天皇が皇位継承に際して代々受け継いできた八咫鏡《やたのかがみ》・草薙剣《くさなぎのつるぎ》・八《や》尺瓊勾玉《さかにのまがたま》という3つの神器を指します。

草薙剣は、スサノオが退治したヤマタノオロチの尾の中程から現われ、アマテラスに献上されたもの。八咫鏡と八尺瓊勾玉は、天石屋にこもったアマテラスを外に出すために用いられたものです。

この三種の神器を所持することが皇室の正統な継承者としての証とされてきました。そして現在も天皇家に受け継がれています。

ただし、『古事記』『日本書紀』には「三種の神器」という言葉では出てきませんし、正統な天皇であるために3つを所持しなければならないという記述もありません。

実際、長い歴史のなかでは火災にあったり、持ち去られたりして、所在不明となったこともあります。しかし現在では、草薙剣は愛知県名古屋市の熱田《あつた》神宮の御霊代《みたましろ》になっているほか、八咫鏡は伊勢神宮の内宮《ないくう》に、八尺瓊勾玉は皇居内の剣璽《けんじ》の間に安置されています。

三種の神器はここに安置されている

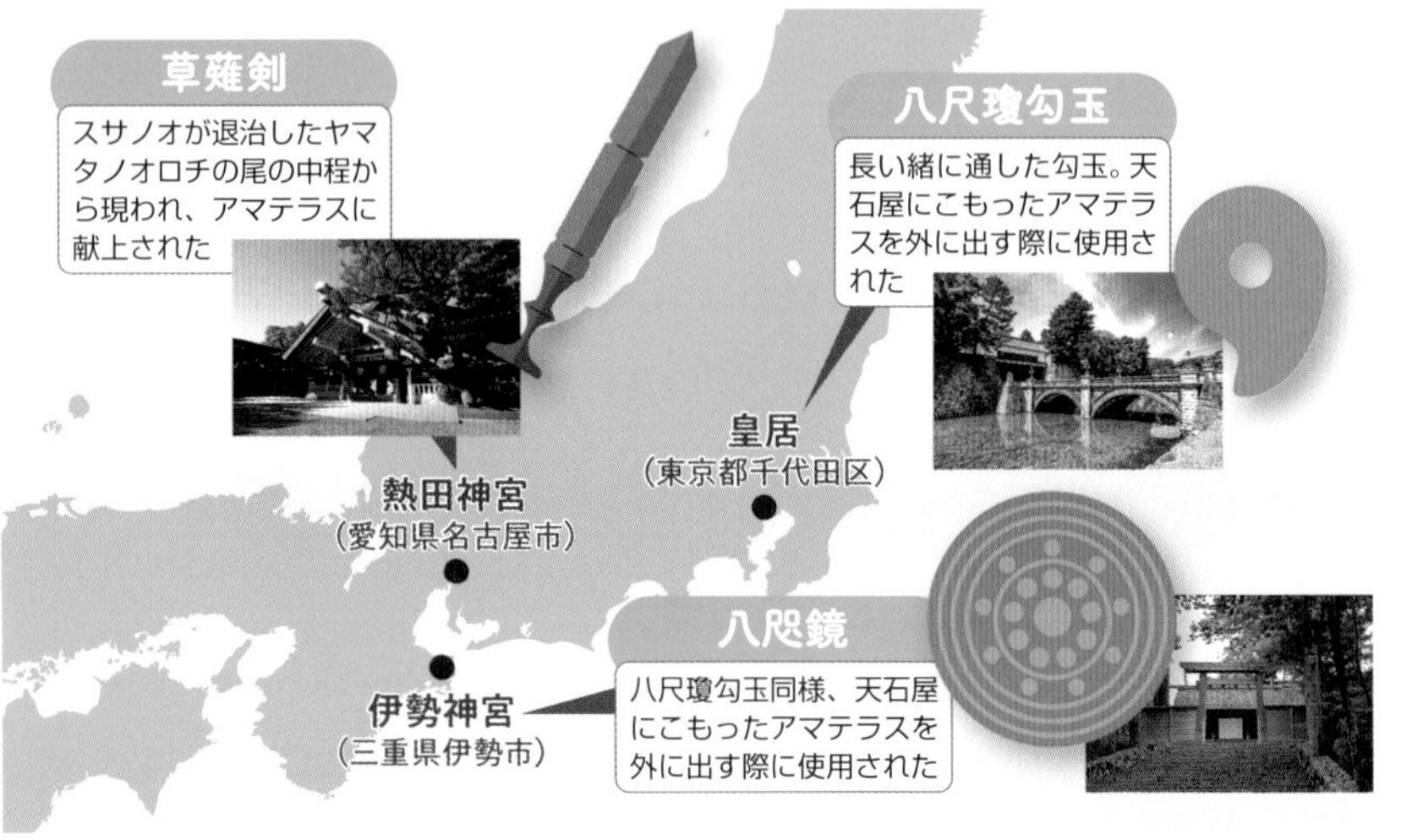
草薙剣
スサノオが退治したヤマタノオロチの尾の中程から現われ、アマテラスに献上された
八尺瓊勾玉
長い緒に通した勾玉。天石屋にこもったアマテラスを外に出す際に使用された
皇居
(東京都千代田区)
熱田神宮
(愛知県名古屋市)
八咫鏡
八尺瓊勾玉同様、天石屋にこもったアマテラスを外に出す際に使用された
伊勢神宮
(三重県伊勢市)

第3章
神の世から人の世へ

天孫ニニギの子孫が地上を支配するようになり、
初代神武天皇が登場する

名場面でわかる！記紀のあらすじ

ニニギが葦原中国を支配し、ホデリ・ホオリが兄弟喧嘩を繰り広げ、
イワレビコが天下を治めるために東へと遠征――。
物語は神の世から人の世へと移り変わっていきます。

ニニギと女神たち
葦原中国の支配者となったニニギは、醜いイワナガヒメを送り返し、美しいコノハナノサクヤビメとだけ結婚。その結果、現在に至るまでの歴代天皇に寿命が与えられた
▶P56

ホデリとホオリの兄弟喧嘩
ニニギの子ホデリとホオリの兄弟は、釣り針をめぐって仲違い。弟のホオリは失くした釣り針を探しにワタツミの宮へ向かう
▶P58

ホオリの帰郷と兄への逆襲

ホオリはワタツミの宮で兄のホデリに逆襲するための秘策を得て帰郷。呪文などを使ってホデリを倒し、地上の支配者となる

▶P60

トヨタマビメの出産

ホオリのもとにやってきた妻のトヨタマビメは実はワニ（ワニザメ）だった。ワニの姿でウガヤフキアエズを出産し、海へと帰っていく

▶P62

イワレビコの東征

ウガヤフキアエズの子イワレビコは天下を治めるため東へ遠征。道中、多くの敵と戦い、勝利を得て、大和を平定。初代天皇の神武天皇となる

▶P64

ニニギと女神たち

100字で要約

ニニギは〝面食い〟だったようです。嫁いできたコノハナノサクヤビメとイワナガヒメの姉妹神のうち、醜い姉のイワナガヒメを送り返してしまいます。その結果、ニニギの御子（歴代天皇）に寿命が与えられました。

葦原中国の支配者となったニニギは、あるとき笠沙《かささ》の岬でコノハナノサクヤビメという美しい女神に一目惚れしました。

コノハナノサクヤビメの父オオヤマツミに結婚を申し込むと、喜んだオオヤマツミは姉のイワナガヒメも一緒に嫁がせてきました。ところが姉のイワナガヒメは容姿が醜かったため、ニニギは彼女を実家に帰らせてしまいます。これを受けてオオヤマツミは大いに嘆きました。

イワナガヒメは岩のような女神、一方のコノハナノサクヤビメは桜の花の女神。二柱《ふたはしら》の女神を妻にすることにより、「ニニギの子孫の寿命が岩のように永く続き、桜の花のように栄えるように」とオオヤマツミは願っていたのです。

そんな思いをつゆも知らず、ニニギはイワナガヒメを送り返してしまったため、ニニギの代々の御子、すなわち現在に至るまでの歴代天皇に寿命が与えられることになったのです。

決死の覚悟で出産する

その後、コノハナノサクヤビメは懐妊しました。しかし、ニニギは「一夜限りの契《ちぎ》りで懐妊するはずがない、国《くに》つ神《かみ》の子であろう」と妻を疑ってかかります。

コノハナノサクヤビメは身の潔白を示すため、産小屋にこもって火を放ち、その火中で出産することで貞操を証明しました。

このときに生まれたのは、ホデリ・ホスセリ・ホオリの三柱《みはしら》の男神でした。

出典

『古事記』上つ巻

主な登場人物

- ニニギ
- コノハナノサクヤビメ
- イワナガヒメ
- オオヤマツミ

『日本書紀』との違い

『日本書紀』にはニニギの結婚について詳細に書かれていませんが、別伝に妻選びの物語が記されています。ただし、送り返されたことを嘆いたのはオオヤマツミではなく、イワナガヒメ自身とされています。

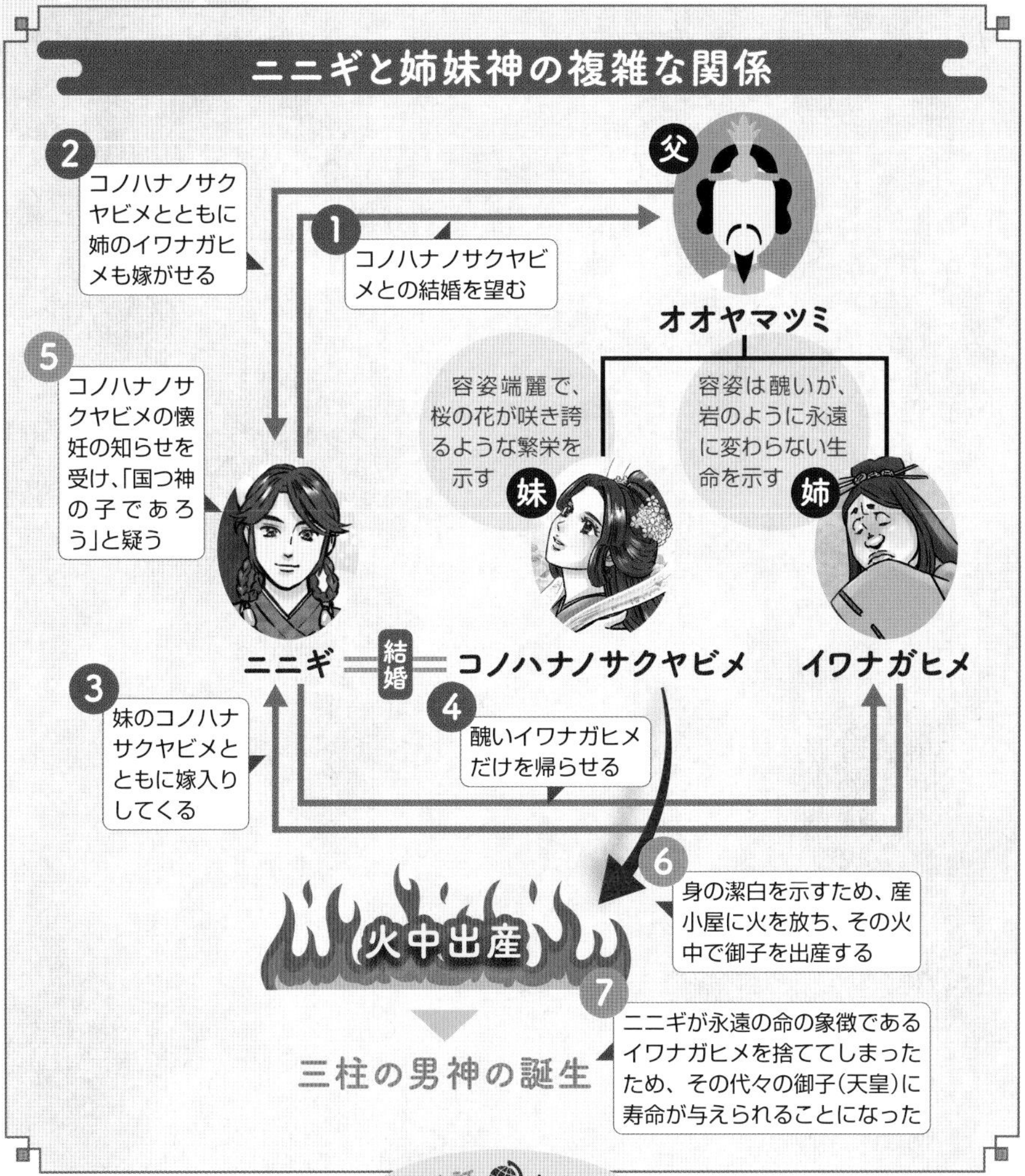
ニニギと姉妹神の複雑な関係
父
オオヤマツミ
1 コノハナノサクヤビメとの結婚を望む
2 コノハナノサクヤビメとともに姉のイワナガヒメも嫁がせる
容姿端麗で、桜の花が咲き誇るような繁栄を示す
容姿は醜いが、岩のように永遠に変わらない生命を示す
妹
姉
5 コノハナノサクヤビメの懐妊の知らせを受け、「国つ神の子であろう」と疑う
ニニギ
結婚
コノハナノサクヤビメ
イワナガヒメ
3 妹のコノハナサクヤビメとともに嫁入りしてくる
4 醜いイワナガヒメだけを帰らせる
6 身の潔白を示すため、産小屋に火を放ち、その火中で御子を出産する
火中出産
7 ニニギが永遠の命の象徴であるイワナガヒメを捨ててしまったため、その代々の御子(天皇)に寿命が与えられることになった
三柱の男神の誕生

世界神話にも注目!

バナナ型神話

東南アジアの神話のなかには、神から石をもらった人が食べ物と交換したいと望み、次に与えられたバナナを食べると寿命が決まるというエピソードが残っています。これを「バナナ型神話」といいます。

また同地方には、出産後に産小屋を焼く風習があります。

その風習には火でお産の穢れを浄化するという意味があるといわれ、それがコノハナノサクヤビメの火中出産と共通する、すなわちお産の汚れを浄化するための行為であったと考えられています。　産小屋のなかに母と子を守ってくれる産神を祀る風習もみられます。

ホデリとホオリの兄弟喧嘩

100字で要約

ホデリとホオリの兄弟は、兄のホデリの釣り針をめぐって揉めます。途方に暮れる弟のホオリがシオツチの助言で海の神ワタツミの宮を訪れると大歓迎され、ワタツミの娘トヨタマビメと結婚することになりました。

ニニギとコノハナノサクヤビメとの間に生まれた息子たちはやがて成人し、兄のホデリは海に出て魚を獲り、末弟のホオリは山で狩りをして生活していました。そこからホデリは「海幸《うみさち》彦《ひこ》」、ホオリは「山幸彦《やまさちひこ》」とも呼ばれました。なお、次男のホスセリは名前しか登場しません。

ある日、ホオリは仕事道具を交換したいとホデリに頼み込み、釣り針を借りて漁をはじめました。ところが魚はさっぱり釣れないうえ、釣り針をなくしてしまいます。

ホオリは兄に謝り、腰につけていた剣で五百もの釣り針をつくってもらいましたが、ホデリはそれを受けとらず、「元の釣り針を返せ」といって譲りません。

嘆き悲しむホオリ。そこに潮の神シオツチが現れ、ホオリを隙間のない竹籠の小舟に乗せて、海の神ワタツミの宮へ押し流しました。

海神の娘トヨタマビメと結婚

やがてホオリはワタツミの宮へ到着します。そして入口の桂の木の上にいると、ワタツミの娘の下女が水をくみにきてホオリを見つけ、トヨタマビメに会わせてくれます。二人は一目で恋に落ちました。

ワタツミもホオリが天つ神のニニギの子であることを知って喜び、豪華な宴《うたげ》を催します。さらにはトヨタマビメとの結婚を許しました。

こうしてホオリとトヨタマビメは夫婦となり、ワタツミの宮で幸せに暮らしたのです。

『日本書紀』との違い

ホデリとホオリの物語は、『古事記』『日本書紀』ともほぼ同じ内容が記されています。ただし『日本書紀』では、ホホデミがホノスソリ（ホノスセリ）から借りた釣り針を紛失し、対立が生じたとしています。

出典

『古事記』上つ巻

主な登場人物

- ホデリ
- ホオリ
- ワタツミ
- トヨタマビメ

兄弟喧嘩のすえにワタツミの宮へ

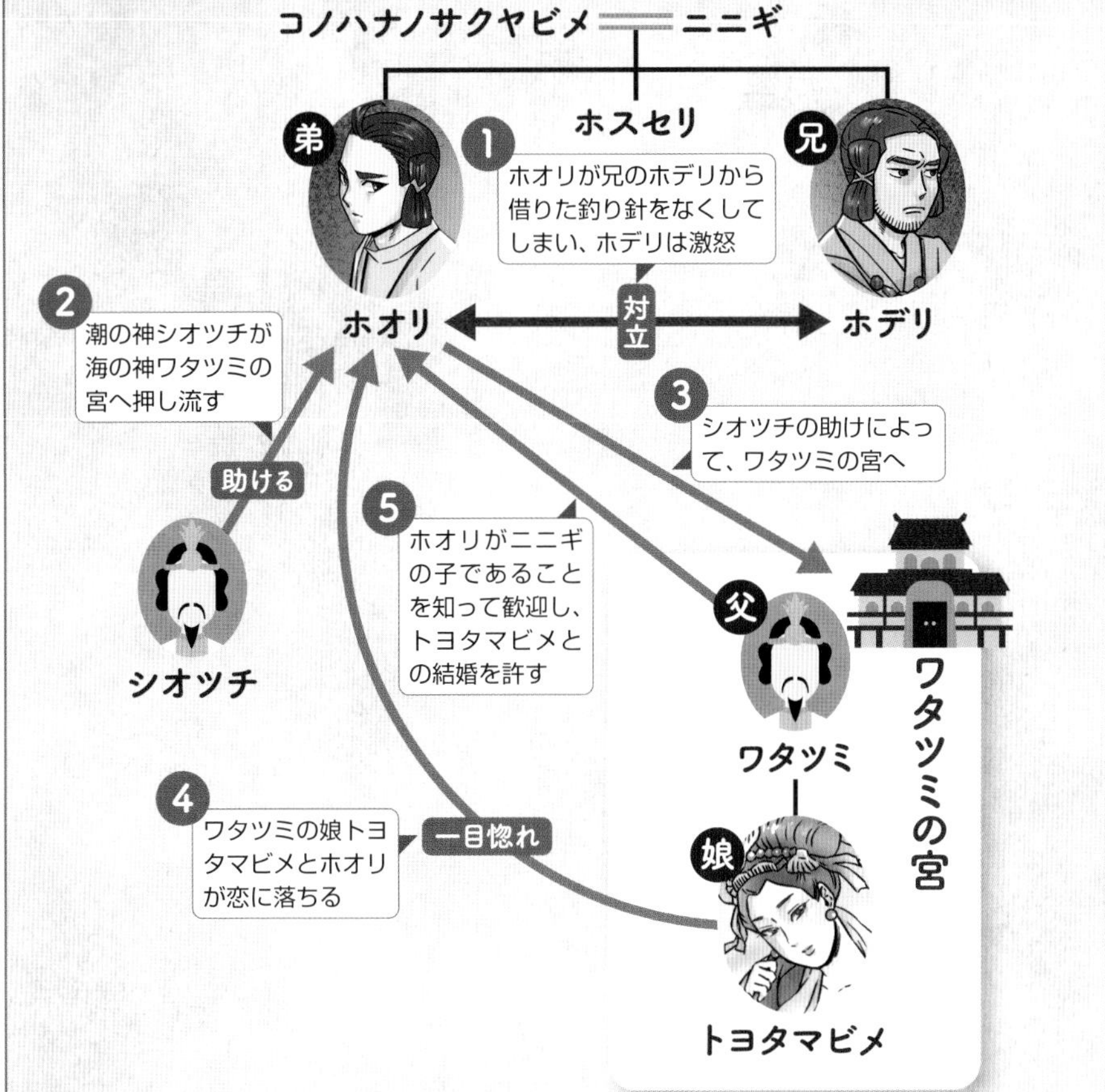

コノハナノサクヤビメ
ニニギ
ホスセリ
弟
兄
1
ホオリが兄のホデリから借りた釣り針をなくしてしまい、ホデリは激怒
ホオリ
対立
ホデリ
2
潮の神シオツチが海の神ワタツミの宮へ押し流す
助ける
シオツチ
3
シオツチの助けによって、ワタツミの宮へ
5
ホオリがニニギの子であることを知って歓迎し、トヨタマビメとの結婚を許す
父
ワタツミ
ワタツミの宮
4
ワタツミの娘トヨタマビメとホオリが恋に落ちる
一目惚れ
娘
トヨタマビメ

舞台探訪

西都原《さいとばる》古墳群

宮崎県西都《さいと》市の西都原古墳群（写真）は300以上の古墳から構成されています。最大の男狭穂塚《おさほづか》と女狭穂塚《めさほづか》が、それぞれホデリ・ホオリ兄弟の両親であるニニギとコノハナノサクヤビメの陵墓とされ、道沿いには御子たちの産湯にしたとされる児湯《こゆ》の池があります。

ホオリの帰郷と兄への逆襲

100字で要約

ワタツミの宮で暮らしていたホオリですが、探していた兄のホオリの釣り針が見つかると、地上に戻ります。そしてワタツミから授かった呪文や道具でホオリを撃退することに成功しました。

ホオリがワタツミの宮で暮らしはじめてから三年ほど過ぎた頃のことです。ホオリはふと、自分が兄のホデリの釣り針を探しにやってきたことを思い出しました。

ホオリから事情を聞いたワタツミが魚たちを集めて釣り針を探させると、鯛《たい》の喉に刺さっていた釣り針を発見。ホオリにはトヨタマビメという妻がいましたが、その釣り針をもって帰郷することにしました。

去りゆくホオリに対し、ワタツミは兄に負けないための秘策を授けます。それは「呪文を唱えながら釣り針を後ろ手にして返せ」というものでした。さらにワタツミは潮の満ち干きを操ることのできる塩盈珠《しおみつたま》と塩乾珠《しおふるたま》を与え、ホオリを宮から送り出したのです。

兄との対決に勝利した弟

ホオリは地上に戻って兄のホデリと再会。ワタツミに言われたとおり、呪文を唱えながら釣り針を返しました。その結果、ホデリはどこに田をつくっても不作が続き、どんどん貧しくなっていきました。

ホデリは自分の不幸を弟の仕業と思い込み、ホオリを攻めます。しかし、ホオリは塩盈珠を使って兄を溺れさせ、助けを求めてくると今度は塩乾珠を使って水を引かせました。

ついに音をあげたホデリはホオリに屈服し、守護人になることを誓いました。兄弟の抗争は弟の勝利に終わったのです。

『日本書紀』との違い

『日本書紀』によると、ホデリは「演技をする俳優になってあなたに仕えるから、どうか許してほしい」と言って弟に服従しました。そのホデリの子孫とされるのが隼人です。

出典

『古事記』上つ巻

主な登場人物

- ホデリ
- ホオリ
- トヨタマビメ
- ワタツミ

衝突するホデリとホオリ

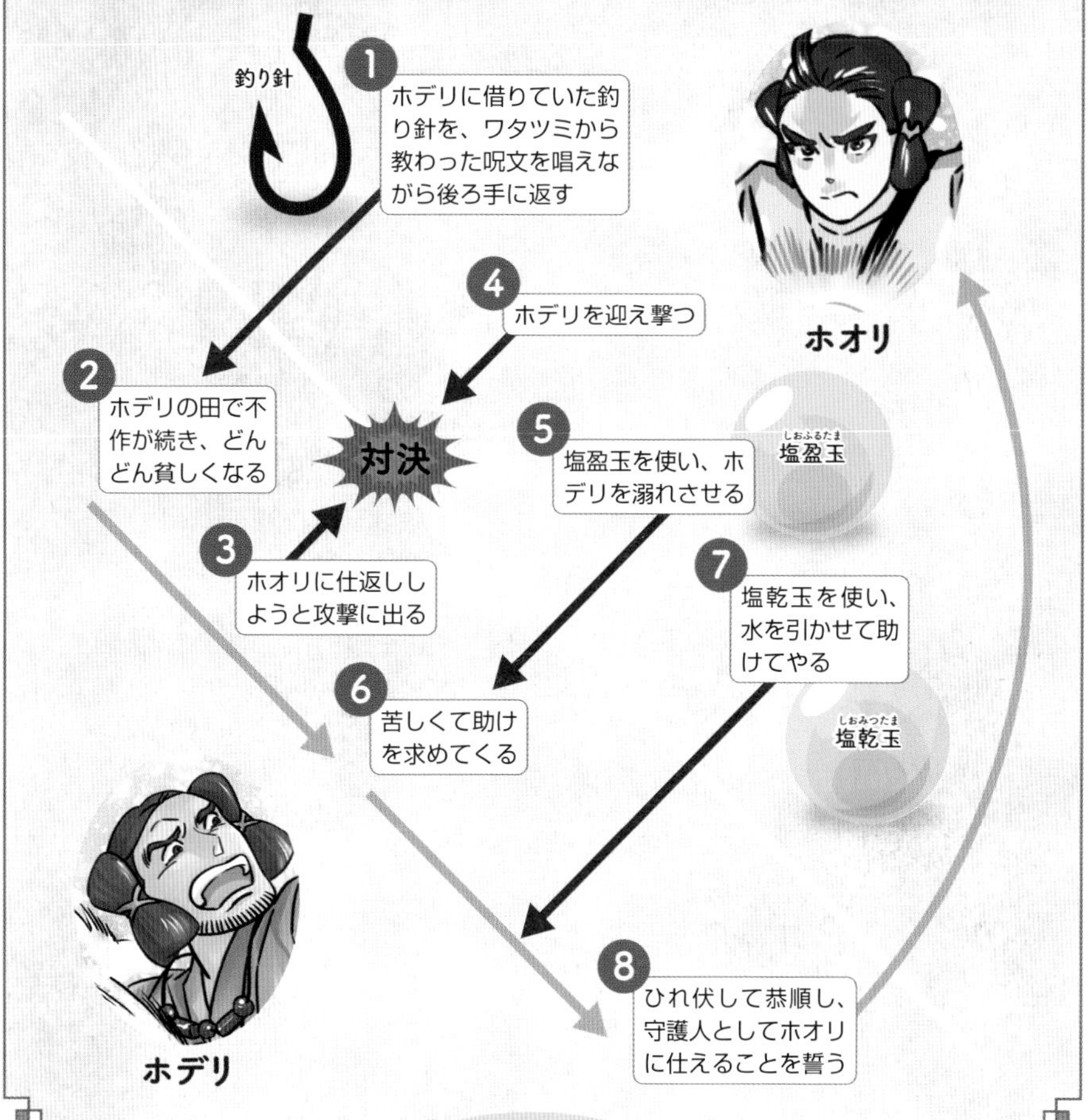

釣り針
1
ホデリに借りていた釣り針を、ワタツミから教わった呪文を唱えながら後ろ手に返す
ホオリ
2
ホデリの田で不作が続き、どんどん貧しくなる
4
ホデリを迎え撃つ
対決
5
塩盈玉《しおふるたま》
塩盈玉を使い、ホデリを溺れさせる
3
ホオリに仕返ししようと攻撃に出る
7
塩乾玉を使い、水を引かせて助けてやる
6
苦しくて助けを求めてくる
塩乾玉《しおみつたま》
8
ひれ伏して恭順し、守護人としてホオリに仕えることを誓う
ホデリ

もっと知りたい記紀

ホデリのその後

弟に屈服したホデリを祖神として生まれたとされる隼人は、東北の蝦夷などと同じ「まつろわぬ民」のひとつです。

隼人は南九州に勢力をもち、ヤマト政権に抵抗し続けていました。しかしその後、政権に服属すると、機内に移住する者も現れ、宮殿の警備などにあたりました。また天武天皇の時代以降は、九州から政権に朝貢し、相撲を見せたり、歌舞を奏上したりしました。

平安時代の大嘗祭などでは、天皇の前で溺れる人を演じたとされています。ホオリに翻弄された祖神ホデリの姿を模したものです。

トヨタマビメの出産

100字で要約

地上世界を統治することになったホオリのもとに、海から妻のトヨタマビメがやってきます。トヨタマビメの正体はワニ（ワニザメ）でしたが、生まれた子どものウガヤフキアエズは初代天皇の父となりました。

ホオリは兄のホデリを倒し、地上の支配者となりました。それからまもなく、妻のトヨタマビメがワタツミの宮からやってきます。彼女はホオリの子を身ごもっており、地上で生むというのです。

ホオリは産屋を建て、その屋根を鵜《う》の羽根で葺《ふ》こうとしますが、葺き上がる前にトヨタマビメが産気づいてしまい、隙間のある小屋で出産することになりました。トヨタマビメは、「元の姿になって子を産みます。その間、なかをのぞかないで」と告げて小屋に入りました。

見るなといわれると見たくなるのが人の常です。ホオリは好奇心に負けて、隙間から小屋のなかをのぞいてしまいました。すると、そこにいたのは巨大なワニ（ワニザメ）でした。

姿を見られたと知ったトヨタマビメは、恥ずかしさからか、生んだ子を残して海へと帰ってしまいます。そして妹のタマヨリビメを地上に送り、子どもの養育を託しました。子どもはウガヤフキアエズ（「鵜の羽根の屋根が葺き上がっていない子」の意味）と名づけられました。

初代天皇へとつながる系譜

そのウガヤフキアエズが成長すると、育ての母であるタマヨリビメと結婚。二人の間にできた四人の子のうち、末子のイワレビコが初代神《じん》武《む》天皇となります。このニニギからホオリ、ウガヤフキアエズに至る三代は、神から人間に至る過程であり、「日向三代《ひむかさんだい》」と呼ばれています。

『日本書紀』との違い

ホオリとトヨタマビメの出会いは、『古事記』ではホオリがトヨタマビメの下女の器に玉を吐き出したことがきっかけとしています。一方、『日本書紀』では下女を介さず、トヨタマビメが直接水汲みに出てホオリと知り合っています。

出典

『古事記』上つ巻

主な登場人物

- ホオリ
- トヨタマビメ
- タマヨリビメ
- ウガヤフキアエズ

日向三代の系譜

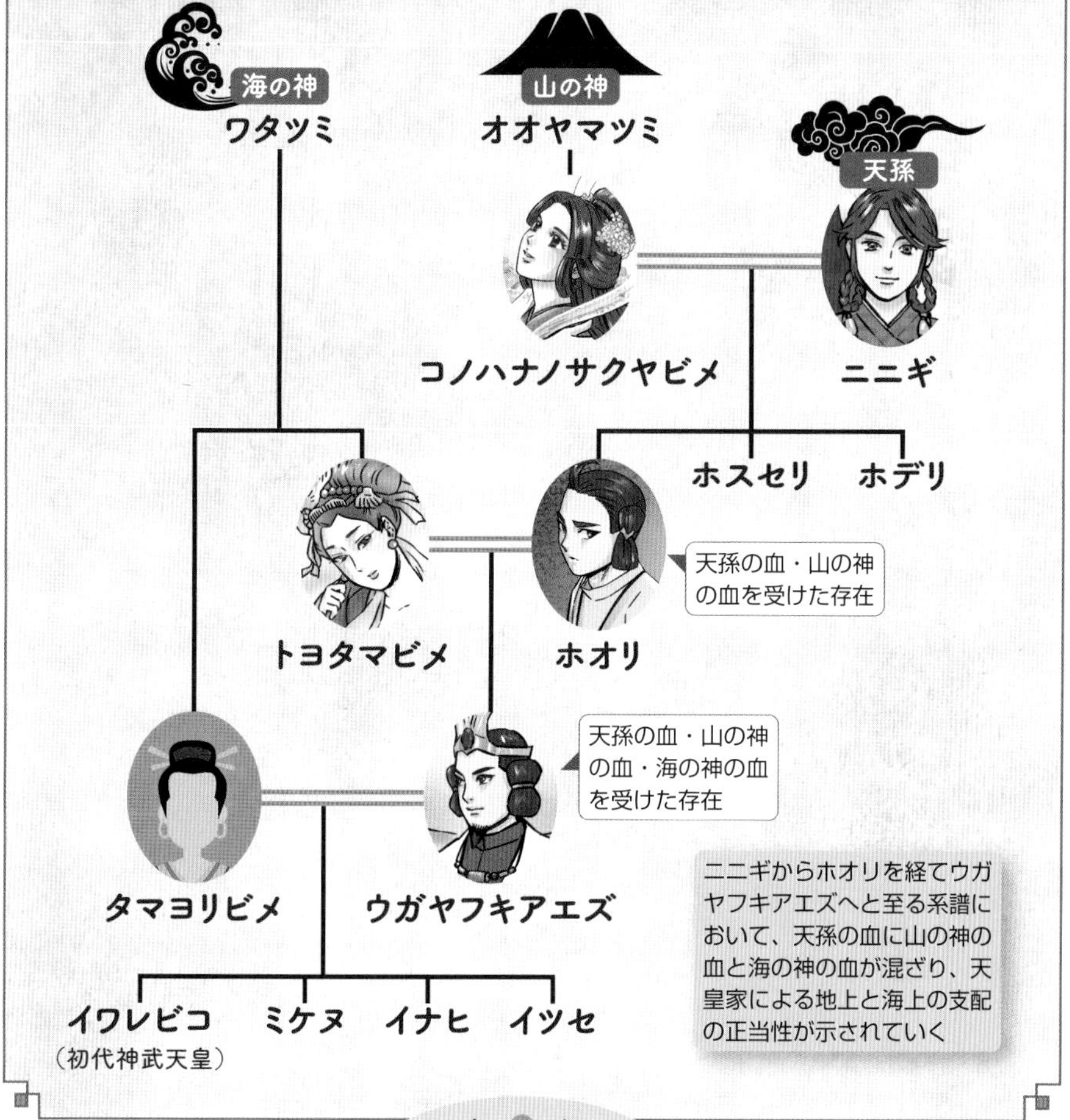
海の神
ワタツミ
山の神
オオヤマツミ
天孫
コノハナノサクヤビメ
ニニギ
ホスセリ
ホデリ
トヨタマビメ
ホオリ
天孫の血・山の神の血を受けた存在
天孫の血・山の神の血・海の神の血を受けた存在
タマヨリビメ
ウガヤフキアエズ
イワレビコ
（初代神武天皇）
ミケヌ
イナヒ
イツセ
ニニギからホオリを経てウガヤフキアエズへと至る系譜において、天孫の血に山の神の血と海の神の血が混ざり、天皇家による地上と海上の支配の正当性が示されていく

舞台探訪

鵜《う》戸《と》神宮

宮崎県日南市の鵜戸神宮は、トヨタマビメがウガヤフキアエズを出産したとされる洞窟に本殿（写真）を構える神社です。トヨタマビメがわが子を思い、自ら乳房をちぎって産屋に貼りつけたと伝わるお乳岩《ちちいわ》と呼ばれる岩もあります。

イワレビコの東征

100字で要約

イワレビコは天下を治めるために東へと向かいます。途中、荒ぶる神、エウカシとオトウカシの兄弟、さらにヤソタケルなどの強敵が立ちはだかりますが、果敢に戦い、最後はナガスネビコに勝利。大和平定とともに、初代の神武天皇として即位しました。

ウガヤフキアエズとタマヨリビメとの間に生まれた長男イツセ、次男イナヒ、三男ミケヌ、そして末子イワレビコの四人の子どもたちは、日向の高千穂《たかちほ》で暮らし、たくましく成長していきます。

やがてイワレビコは、天下を治めるのにより適した場所があるのではないかと考え、長男イツセに相談。二人は東方がよいと判断し、東征を行うことにしました。

一行は日向から北上し、筑紫《つくし》や安芸《あき》、吉備《きび》などで数年滞在しながら東へと向かいます。当初は順調な足どりでした。しかし、瀬戸内海を横断したあたりから、激しい戦いを繰り広げるようになります。

イツセの非業の死

白肩津《しらかたのつ》では、登美《とみ》の土豪ナガスネビコの襲撃にあいました。戦いのさなか、イツセが手に矢を受け負傷。イツセは「太陽神の子らが太陽が昇る方角に敵を見て戦ったのが間違いだった」と悔い、東を背にして進軍しようとしましたが、傷口から流れる血が止まりません。その血を海で洗い流したため、大阪湾の南一帯は「血沼海《ちぬのうみ》」と呼ばれるようになりました。

その後もイツセの状態は悪くなる一方で、紀国の男之水門《おのみなと》に到達したとき、「卑しい奴の手傷で死ぬとは」と無念の叫びをあげて絶命してしまいます。以降、イワレビコが軍勢を率いることになりました。

『日本書紀』との違い

『古事記』では、イワレビコ一行は熊野から吉野、宇陀《うだ》へ向かう北上ルートをとります。一方、『日本書紀』では熊野からの山越えで宇陀へ入った後、吉野へと南下し、再び宇陀方面へと戻る複雑で厳しいルートをとりました。

出典

『古事記』中つ巻

主な登場人物

- イワレビコ
- イツセ
- エウカシ
- オトウカシ
- ヤソタケル
- ナガスネビコ

イワレビコの東征ルート

1 一行は高千穂から陸路を進み、海に出てからは海路で移動しした

東征のメンバー

イワレビコ

- **長兄 イツセ** ナガスネビコとの戦いで負傷し、戦死
- **二兄 イナヒ** 熊野で暴風に見舞われた際に消息不明に
- **三男 ミケヌ** 熊野で暴風に見舞われた際に消息不明に

※イナヒとミケメについては『日本書紀』にもとづく

もっと知りたい記紀

ヤタガラスの足の数

サッカー日本代表のエンブレムとしても知られる3本足のヤタガラス。実は『古事記』では、足の本数について言及されていません。中国に残る3本足のカラスの太陽伝説が日本に伝わり、日本でも太陽の象徴として描かれるようになったのではないかといわれています。

イワレビコは熊野から上陸して大和を目指すルートをとります。

熊野では、邪気を帯びた熊（荒ぶる神）と遭遇し、一行は意識を失ってしまいます。あわや全滅かと思われたとき、イワレビコはタカクラジという人物が夢でアマテラスから賜ったとされる太刀を授けられ、荒ぶる神を退散させました。

自らの罠にはまったエウカシ

一行はタカミムスヒが遣わしたヤタガラスに導かれて吉野の山中を進み、吉野の国津神を従えて大和に入ります。

大和の宇陀《うだ》で一行が遭遇したのは、エウカシとオトウカシの兄弟でした。

エウカシはイワレビコに降伏してきましたが、それは偽りでした。罠を仕掛けた屋敷にイワレビコらを招いて殺害しようと企てていたのです。その企《たくら》みをオトウカシからの報告で知ったイワレビコは、エウカシに矛を突きつけ、先に屋敷に追い込みます。エウカシは自分の仕掛けた罠に押しつぶされて絶命しました。

さらに忍坂《おさか》では、土雲《つちぐも》と呼ばれる好戦的な原住民ヤソタケルが立ちはだかります。このときイワレビコは、ヤソタケルを招いて宴《うたげ》を開きました。宴もたけなわになり、イワレビコが合図の歌を歌うと、給仕人がすっかり油断していたヤソタケルを討ちとりました。またも勝利です。

ナガスネビコを倒して初代天皇へ

そして最後、一行はイツセを死に追いやった宿敵ナガスネビコと対決します。ところが、ナガスネビコとの戦いは意外な顚末を迎えました。

戦いの直前、ナガスネビコの主であるニギハヤヒという神が現われ、「自分は天つ神の御子を追って天から降ってきた神である」と申告し、イワレビコに帰順を誓いました。これにより、ナガスネビコとは具体的な戦いをしないまま、大和を平定したのです。このニギハヤヒとナガスネビコの妹との間の子孫が、のちにヤマト政権で活躍する物部氏となります。

こうして大和平定を成し遂げ、東征を終えたイワレビコは、白檮原宮《かしはらのみや》にて初代神武天皇として即位しました。

『日本書紀』との違い

『日本書紀』では、金色の鳶がナガスネビコ軍を幻惑させるなど、最後の戦いが詳しく記されています。負けたナガスネビコは、イワレビコを「偽の天の御子」といって従おうとしなかったため、主人のニギハヤヒに殺されました。

大和に入ったイワレビコ

5
ニギハヤヒがイワレビコに帰順。イワレビコは神武天皇として即位する
4
ヤソタケルの抵抗に苦戦するも、宴に招いて油断したところを襲撃して倒す
3
エウカシとオトウカシの兄弟の謀略にあうが、返り討ちにする
2
ヤタガラスに従って険しい道を進む
1
邪気を帯びた熊（荒ぶる神）と遭遇し、イワレビコらは気絶してしまう。しかし、夢に出てきたタカクラジから太刀を授かり、荒ぶる神を退散させる
白橿原宮《かしはらのみや》
忍坂《おさか》
宇陀《うだ》
吉野
大和国
大台ヶ原《おおだいがはら》
紀国
熊野
神倉神社
那智《なち》

舞台探訪

橿原《かしはら》神宮

奈良・畝傍《うねび》山の東南に位置する橿原神宮（写真）は、初代天皇となった神武天皇の宮殿跡とされる地に鎮座する神社です。創建されたのは明治時代半ばの1890年と比較的近年で、京都御所内の殿を移築して建てられました。

Break Time

二大聖地を歩く

全国に数ある神社の代表的存在が伊勢神宮と出雲大社。古来、多くの人々から篤い崇敬を受け、今も参拝客にパワースポットなどとして親しまれている神社です。ここでは日本古代史においても極めて重要な位置を占める二大神社を紹介します。

宇治橋《うじばし》

内宮にある宇治橋は全長約102mの橋。五十鈴（いすず）川に架かっており、神域と俗界をつないでいます

【伊勢神宮】

伊勢神宮は天皇家の祖神であるアマテラスを祀る、最も格式の高い神社。内宮《ないくう》（皇大神宮《こうたいじんぐう》）と外宮《げくう》（豊受大神宮《とようけだいじんぐう》）、さらに別宮《べつぐう》、摂社《せっしゃ》、末社《まっしゃ》など、全部で125の宮社から構成される巨大な神社です。第11代垂仁天皇の時代に創建されて以来、約2000年の歴史を誇ります

神社の社号と格式

宮系

神宮	伊勢神宮だけに用いられた社号
大神宮	伊勢神宮。あるいは伊勢神宮から分祀された神社
宮	小規模な神宮

社系

大社	地域の信仰の中心となっている神社
神社	最も一般的な神社
社	小規模な神社

神社には「社号」というランクがあり、最高位が「神宮」です。伊勢神宮は正式名称を「神宮」と称し、「神宮」と名乗ることができるのは伊勢神宮だけでした

内宮《ないくう》(皇大神宮《こうたいじんぐう》)

ここにアマテラスが祀られています。白絹の幌の向こう側は御垣内《みかきうち》となっており、一般の参拝者は立ち入りできません

外宮《げくう》(豊受大神宮《とようけだいじんぐう》)

アマテラスの食事を司り、あらゆる産業の守護神として信仰を集めるトヨウケビメ（豊受大御神）が祀られています。

別宮《べつぐう》(倭姫宮《やまとひめのみや》)

アマテラスの安住の地を求めて各地を転々とし、現在地に内宮を創建したヤマトヒメを祀る内宮の別宮です

周辺マップ

伊勢市駅
別宮・月夜見宮
宇治山田駅
別宮・倭姫宮
外宮(豊受大神宮)
五十鈴川
五十鈴川駅
勢田川
別宮・月読宮
宇治橋
内宮(皇大神宮)

神社の二大建築様式

神社の本殿に採用されている建築様式は、神明造《しんめいづくり》と大社造《たいしゃづくり》が主要です。神明造の代表が伊勢神宮、大社造の代表が出雲大社です

神明造《しんめいづくり》

屋根が下がっている面が正面を向く平入り構造になっている

大社造《たいしゃづくり》

屋根の三角形に見える部分が正面を向く妻入り構造になっている

【出雲大社】

オオクニヌシがつくった国を高天《たかまの》原《はら》の神々に譲ることになったとき、オオクニヌシは条件として立派な宮殿の建設を求めました。それが受け入れられ、建設されたのが出雲大社の起こりともいわれています。そうした経緯から、ここに祀られているのはオオクニヌシ。「大《だい》国《こく》（大黒）さま」として親しまれ、福の神、縁結びの神としても信仰を集めています。

境内マップ

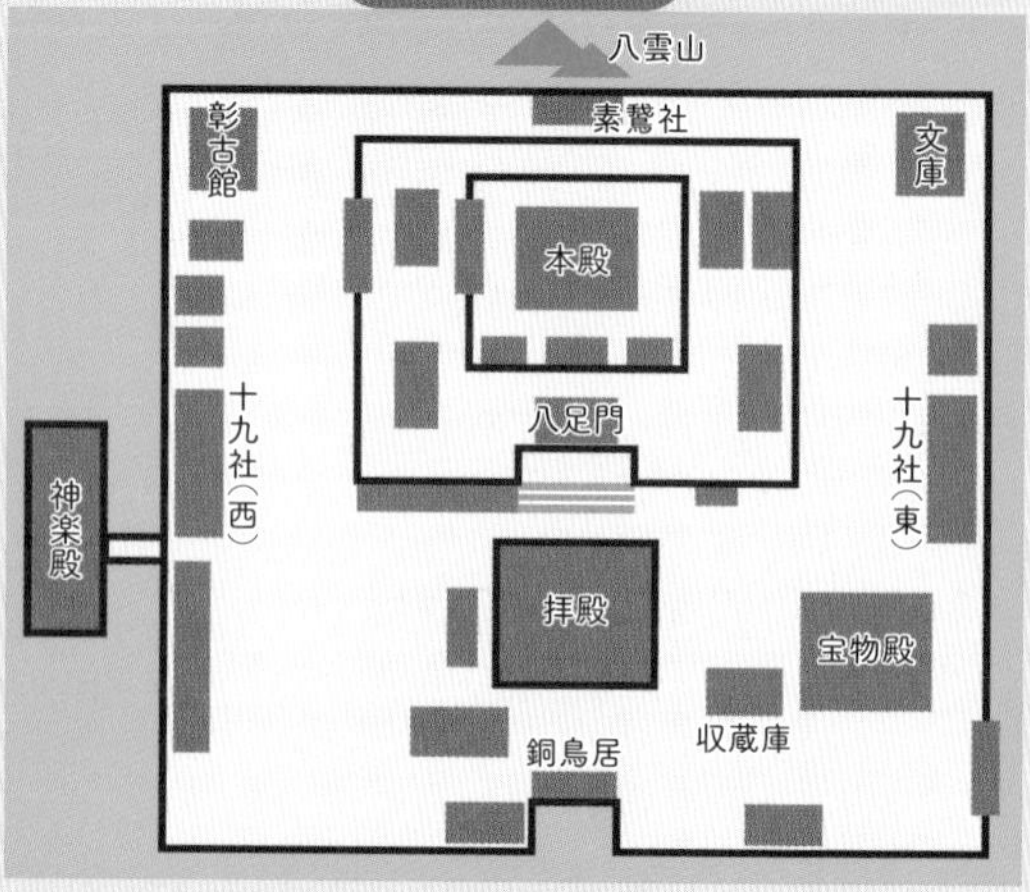

八雲山
素鵞社
彰古館
文庫
本殿
八足門
十九社（西）
十九社（東）
神楽殿
拝殿
宝物殿
収蔵庫
銅鳥居

神楽殿《かぐらでん》

オオクニヌシ

神楽殿に張られている大注連縄（おおしめなわ）は、長さ13メートル、重さ5.2トンという超巨大なもの。この下からお賽銭を投げて大注連縄に刺さると、願いがかなうといわれています

素鵞社《そがのやしろ》

オオクニヌシはヤマタノオロチを退治したことで知られるスサノオの6世の孫。そのスサノオが祀られているのが素鵞社。で、本殿に祀られるオオクニヌシを支えるように鎮座しています

十九社《じゅうくしゃ》

毎年旧暦10月になると、全国の神々が出雲大社に集まり、会議を開くといわれています。その神々の宿が十九社で、境内の東西に建っています

縁結びの神になった理由

出雲大社といえば縁結びの神として有名ですが、そうなったのは次の2つの理由によります。ひとつは毎年旧暦10月の神々による会議において、あらゆる縁の取り決めが話し合われるからです。もうひとつは主祭神であるオオクニヌシが多くの妻を娶り、多くの子どもをもうけたからです

本殿《ほんでん》

出雲大社の中心となる建物です。何度も改修が行われていきましたが、神社建築としては最古の様式のひとつである大社造でつくられています

かつての本殿の姿

実は、出雲大社の本殿は平安時代には約50メートルもあったといわれています。15階のビルに相当する高さです。実際、2000年には直径3メートルの巨大柱の痕跡が発見されており、古代の高層建築であった可能性が高まりました

古代の神社はどんなつくりだった？

現代の神社は鳥居や本殿があり、神主がいるのが一般的です。著名な神社ならば、正月や祭りの日に多くの人々が訪れるでしょう。しかし、そうしたイメージの神社が最初から存在したわけではありません。古代の神社には建物がなかったのです。

大昔の人々は巨大な岩や木、山、川などを神々が宿る場所と信じ、そこで祭祀を行っていました。やがて岩や木に注連縄をつけたり、玉砂利を敷いたりして祭場とするようになり、祭祀が終われば取り壊していました。そうした施設を社《やしろ》（屋代＝神々の家の代わり）といいます。

しかし、祭りの規模が大きくなったり、仏教の寺院が登場したことで、一時的な祭祀の場が神社へと発展していきました。本殿、拝殿といった常設の建物がつくられ、現在のような神社となったのです。

『日本書紀』を開くと、第40代天武《てんむ》天皇の時代に当たる684年10月14日の記事に「神社」という言葉を確認することができます。神社の初記載です。ただし、それよりずっと前から神社は存在していました。

たとえば、奈良県・三輪《みわ》山の麓に鎮座する大神《おおみわ》神社は初代神武天皇の即位よりも前の時代にルーツがあるとされ、日本最古の神社のひとつといわれています。

神が宿る場所

金峰山（山梨県北杜市）山頂の五丈岩。鳥居や本殿などが建ち並ぶ神社ができる前には、人々はこうした岩や木などを神が宿る場所とみなし、祭祀を行っていた

第4章

英雄たちの伝説

大和で成立し、支配地域を広げるヤマト政権。
その背景には英雄たちの活躍があった

名場面でわかる！

記紀のあらすじ

3世紀後半、大和の大王《おおきみ》を中心とする豪族の連合が生まれ、やがてヤマト政権へと発展します。その初代大王ともいわれるのがミマキイリヒコ（第10代崇神《すじん》天皇）で、彼以降の歴代天皇が政権を確立させていきました

大和の疫病と諸国平定
夢枕に立ったオオモヌヌシのお告げに従い、大和の疫病を鎮めたミマキイリヒコは、ヤマト政権の勢力拡大を目指し、将軍を各地に派遣。彼らの遠征により勢力圏が広まっていく ▶P76
イクメイリビコの悲劇
イクメイリビコは皇后のサホビメをその兄サホビコに奪われてしまう。奪還しようとするが、サホビメは赤子とともに火に包まれる ▶P78
もの言わぬ子と父の奮闘
口の利けないイクメイリビコの子ホムチワケ。心配したイクメイリビコが息子を話せるようにするため、東奔西走した ▶P80

オキナガタラシヒメの朝鮮遠征
オキナガタラシヒメは九州から朝鮮半島への遠征を実施。新羅と百済を倒したと伝えられている ▶P86
ヤマトタケルの東西遠征
日本神話の英雄ヤマトタケル。彼は父の命令により九州から東国へと遠征を実施する。しかし、伊吹山の神にやられてしまった ▶P82
ホンダワケの後継者争い
ホンダワケの3人の子どもたちが後継者争いを行い、最終的に次男のオオサザキが皇位を継ぐことになる ▶P88

大和の疫病と諸国平定

100字で要約

ミマキイリヒコの時代に、大和で疫病が流行します。これはオオモノヌシの祟《たた》りで、オオモノヌシを三輪《みわ》山に正しく祀ると鎮静化しました。その後、ミマキイリヒコは各地に将軍を派遣し、勢力圏を拡大していきました。

イワレビコ（初代神武《じんむ》天皇）の次のカムヌナカワミミ（第二代綏靖《すいぜい》天皇）以降、事績のない天皇が八代にわたって続きます。この「欠史八《けっしはち》代《だい》」の後、ミマキイリヒコ（第十代崇神《すじん》天皇）の時代には大和で疫病が流行しました。

民衆が死に絶えそうな惨状に心を痛めたミマキイリヒコは、神の意志を知るために神床《かむどこ》に入ります。すると夢枕に三輪山のオオモノヌシが現れ、「疫病は私の祟りだ。オオタタネコに私を祀らせなさい」と告げました。

これを受けたミマキイリヒコは、河内の美努《みの》でオオタタネコを見つけ、彼を三輪山の神主に据え、オオモノヌシを祀らせました。その結果、疫病は鎮《しず》まり、大和に平穏が戻ったのです。

各地に将軍を派遣

疫病を鎮めたミマキイリヒコは、次に勢力拡大に乗り出します。伯父のオオビコを北陸へ、その子タケヌナカワワケを東海へ、ヒコイマスを丹波へ派遣したのです。

オオビコは任地へ向かう途中、異母兄タケハニヤスヒコの謀反《むほん》を鎮圧して越国《こしのくに》を平定。タケヌナカワワケも東国を次々に平定していき、北方まで進出しました。

この将軍たちの遠征により、ミマキイリヒコの勢力圏は大きく拡大しました。こうして国を発展させたミマキイリヒコは、「はじめて国を統べたもうたミマキの大君」といわれ、称賛されたのです。

『日本書紀』との違い

『日本書紀』では、神のお告げを聞いたのは皇女のヤマトトトビモモソヒメだとされています。彼女はオオモノヌシの妻となりますが、夫の正体が小さな蛇であると知り、驚いた拍子に陰部を箸でついて亡くなったといいます。

出典

『古事記』中つ巻

主な登場人物

- ミマキイリヒコ
- オオモノヌシ
- オオタタネコ
- オオビコ

ミマキイリヒコの事績

疫病を鎮める

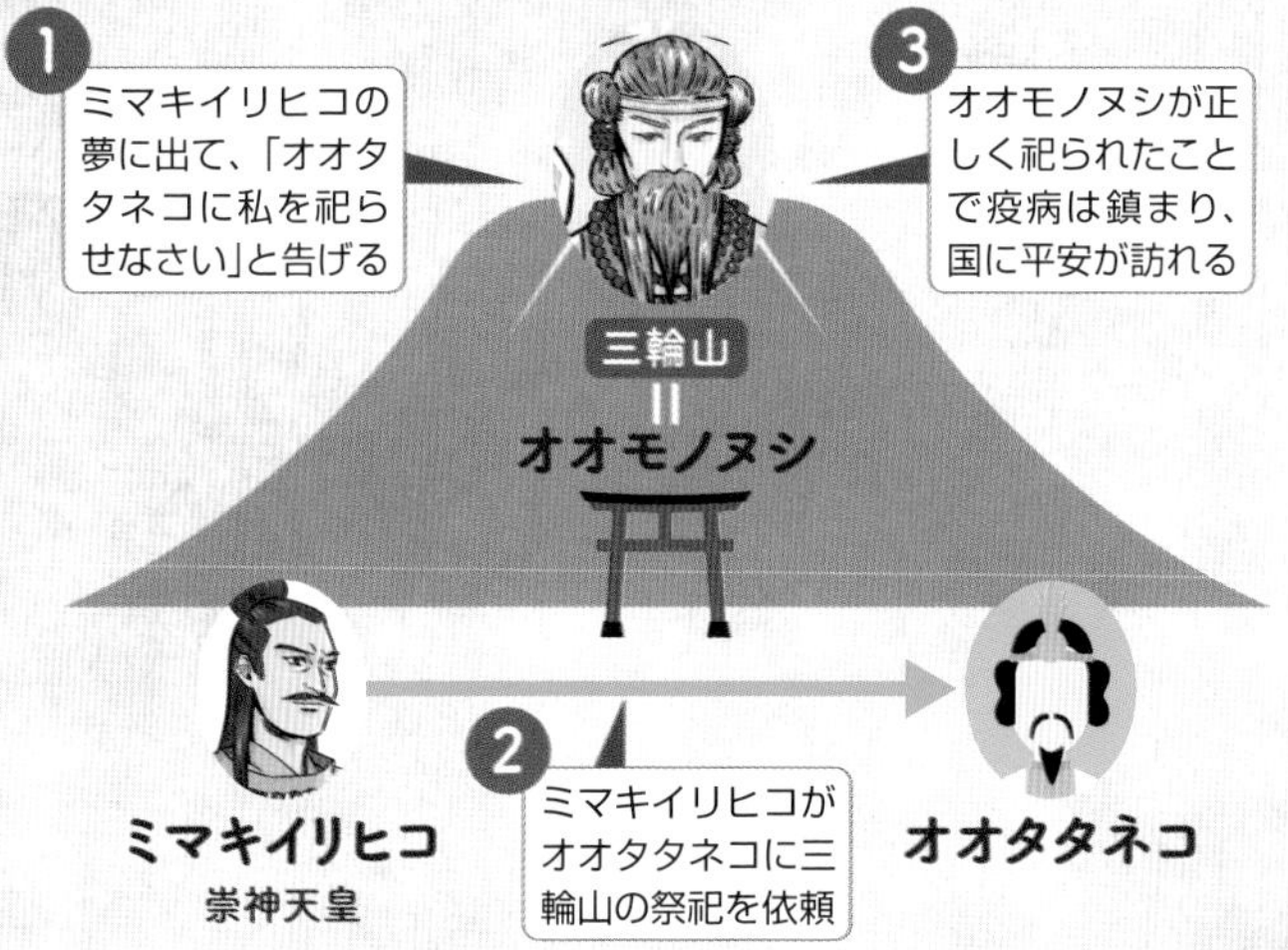

1 ミマキイリヒコの夢に出て、「オオタタネコに私を祀らせなさい」と告げる
3 オオモノヌシが正しく祀られたことで疫病は鎮まり、国に平安が訪れる
三輪山
=
オオモノヌシ
2 ミマキイリヒコがオオタタネコに三輪山の祭祀を依頼
ミマキイリヒコ
崇神天皇
オオタタネコ

諸国平定

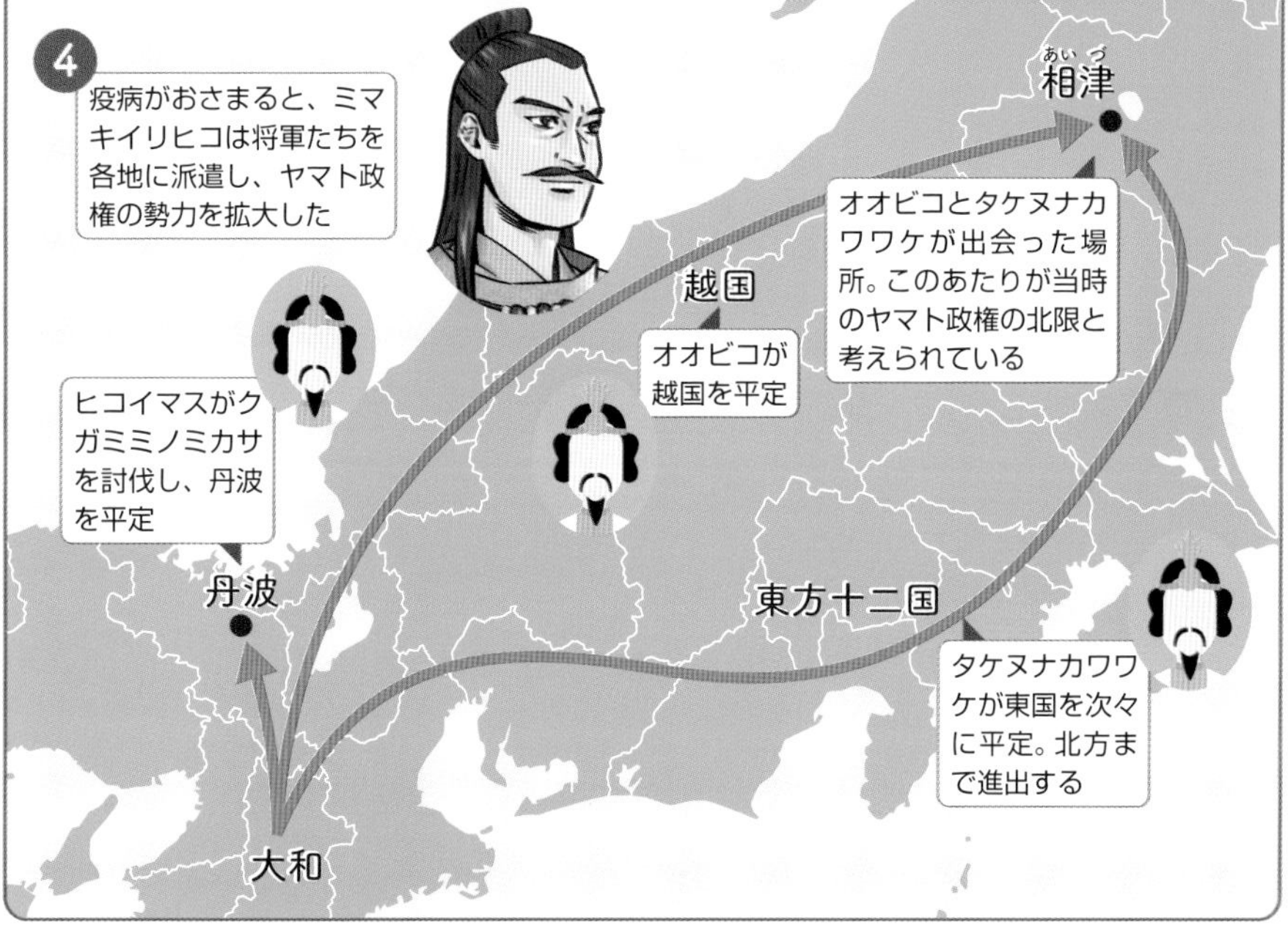

4 疫病がおさまると、ミマキイリヒコは将軍たちを各地に派遣し、ヤマト政権の勢力を拡大した
相津《あいづ》
オオビコとタケヌナカワワケが出会った場所。このあたりが当時のヤマト政権の北限と考えられている
越国
オオビコが越国を平定
ヒコイマスがクガミミノミカサを討伐し、丹波を平定
丹波
東方十二国
タケヌナカワワケが東国を次々に平定。北方まで進出する
大和

イクメイリビコの悲劇

100字で要約

イクメイリビコの皇后サホビメは夫と兄、二人への愛の狭間《はざま》で揺れに揺れました。兄のサホビコに夫を暗殺するようそそのかされるも失敗。イクメイリビコはサホビメを取り戻そうとしますが、死に追いやってしまいます。

ミマキイリヒコの皇子イクメイリビコ（第十一代垂仁《すいにん》天皇）には多くの妻がいましたが、最初の后であるサホビメをとくに寵愛《ちょうあい》していました。ところが、そのサホビメにイクメイリビコが殺害されそうになります。

あるとき、サホビメは実兄のサホビコから「夫とわたしのどちらが愛しいか」と問われ、「兄です」と答えました。サホビコは「それなら天皇を殺してしまいなさい。二人で天下を治めよう」といい、サホビメに小刀を渡しました。

暗殺の機会はすぐにめぐってきます。イクメイリビコがサホビメの膝を枕に昼寝をしているとき、サホビメは小刀を手にしました。

しかし、自分を大切にしてくれていた夫を手にかけることはできません。こぼれた妻の涙を顔に感じて目を覚ました夫に、サホビメはすべてを告白しました。

繰り返される夫婦の問答

怒ったイクメイリビコは、サホビコの館を囲みますが、サホビメが兄のもとへ戻ってしまいます。このときサホビメは天皇の子を身籠っており、数ヶ月後に男子を出産しました。

イクメイリビコはサホビメと子を奪還しようと交渉を重ねます。二人は何度もやりとりを繰り返しましたが、うまくいきませんでした。

もはや奪還不可能と判断したイクメイリビコは、攻撃開始を命令。館に火が放たれ、サホビメは兄とともに火中で滅んだのです。

『日本書紀』との違い

『日本書紀』は、朝鮮半島情勢についても記しています。任那《みまな》出身の人物が日本から帰国する際、天皇が贈り物を与えましたが、新羅《しらぎ》の人物がその贈り物を奪いとりました。それを契機に両国の争いがはじまったと記されています。

出典

『古事記』中つ巻

主な登場人物

・イクメイリビコ
・サホビメ
・サホビコ

イクメイリビコとサホビメの軋轢

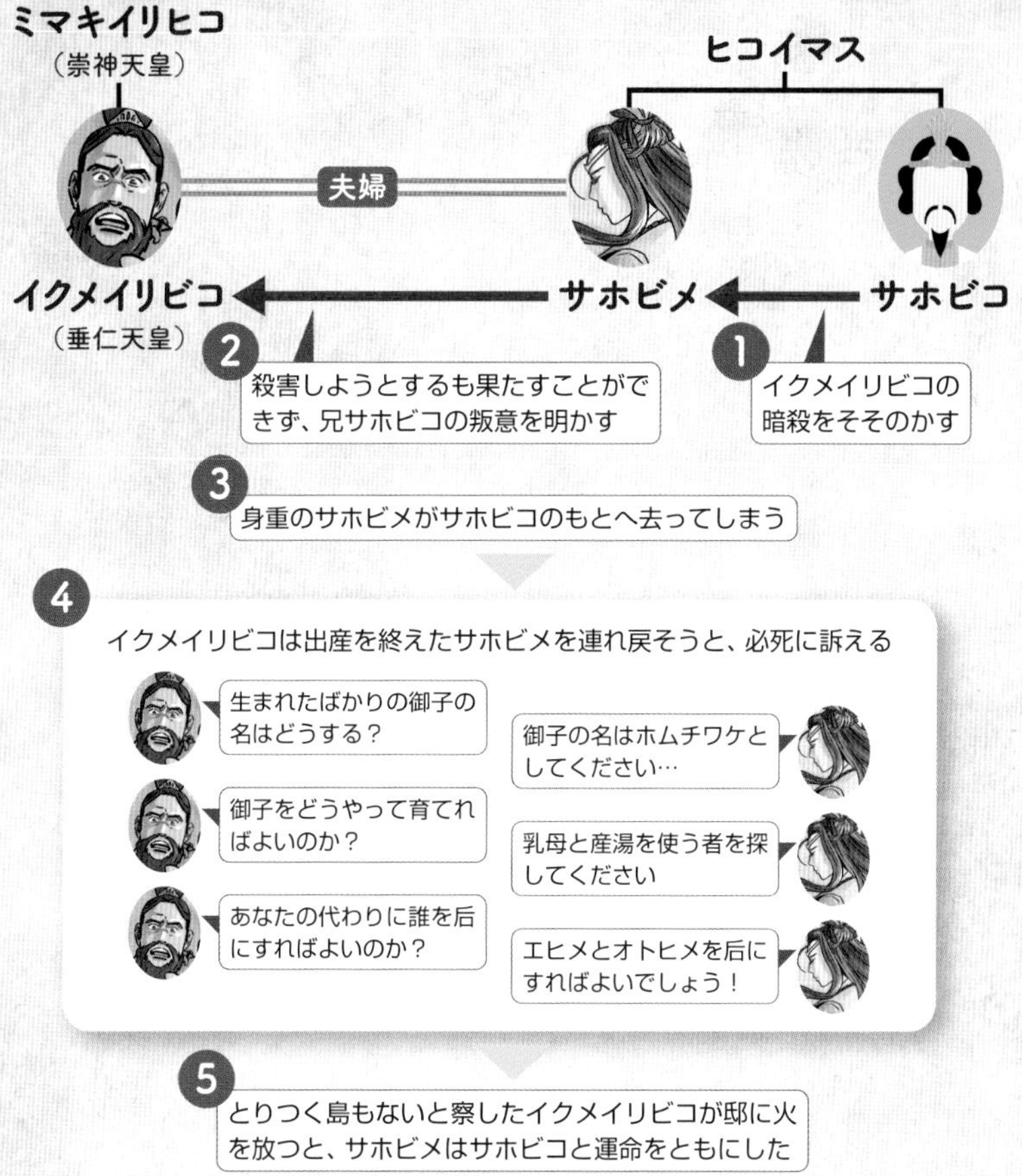
ミマキイリヒコ
（崇神天皇）
ヒコイマス
夫婦
イクメイリビコ
（垂仁天皇）
サホビメ
サホビコ
1 イクメイリビコの暗殺をそそのかす
2 殺害しようとするも果たすことができず、兄サホビコの叛意を明かす
3 身重のサホビメがサホビコのもとへ去ってしまう
4 イクメイリビコは出産を終えたサホビメを連れ戻そうと、必死に訴える
生まれたばかりの御子の名はどうする？
御子の名はホムチワケとしてください…
御子をどうやって育てればよいのか？
乳母と産湯を使う者を探してください
あなたの代わりに誰を后にすればよいのか？
エヒメとオトヒメを后にすればよいでしょう！
5 とりつく島もないと察したイクメイリビコが邸に火を放つと、サホビメはサホビコと運命をともにした

舞台探訪

宝来山《ほうらいさん》古墳

奈良県奈良市にある宝来山古墳（写真）は、垂仁天皇の墓所と比定される古墳です。周囲に美しい濠をめぐらせた姿が神仙境のようであることから、「宝来山」と名づけられました。手前に見える小島は、天皇のあとを追うように亡くなった田道間守《たじまもり》の墓とされています。

もの言わぬ子と父の奮闘

100字で要約

イクメイリビコとサホビメの子ホムチワケは、成長しても口が利《き》けませんでした。その原因がオオクニヌシの祟りだとわかり、イクメイリビコがホムチワケに出雲参拝をさせると、ものを言えるようになりました。

焼け死んだサホビメの子は、ホムチワケと命名されて育てられました。ところが、ホムチワケは生まれながらに口を利くことができませんでした。当時、口が利けないのは魂の欠陥と考えられており、周囲は母のサホビメが天皇に背いた罰ではないかと噂しました。

心配した父のイクメイリビコ（第十一代垂仁天皇）はさまざまな策を講じます。たとえば、ホムチワケに舟遊びをさせ、魂を揺り動かそうとしましたが、効果がみられませんでした。

また、白鳥の鳴き声を聞いたホムチワケが口を動かそうとしていたことから、鳥捕りの名人ヤマノベノオオタカに白鳥をつかまえさせました。ヤマノベノオオタカは北陸まで追って捕獲しましたが、ホムチワケは献上された白鳥を見ても言葉を発しませんでした。

原因はオオクニヌシの祟り

そんなある日、イクメイリビコは夢で出雲の神オオクニヌシのお告げを受けます。「自分を祀る宮殿を立派なものにすれば、ホムチワケは話せるようになるだろう」。すなわち、ホムチワケは出雲の神オオクニヌシの祟りによって、口を利けなくなっていたのです。

イクメイリビコがオオクニヌシのお告げに従い、ホムチワケを出雲参拝に行かせたところ、その帰り道にホムチワケが言葉を話しはじめました。イクメイリビコは喜び、出雲の神殿を立派に修繕させました。

『日本書紀』との違い

『日本書紀』によると、ホムチワケは30歳まで赤子のように泣いてばかりいました。しかし、出雲で捕獲された白鳥を見ると、出雲の神の霊力で話せるようになったそうです。

出典

『古事記』中つ巻

主な登場人物

- イクメイリビコ
- ホムチワケ
- ヤマノベノオオタカ
- オオクニヌシ

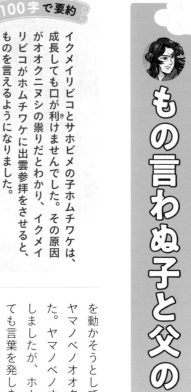

ホムチワケを回復させるための行動

1 ホムチワケに舟遊びをさせる

魂を揺さぶろうと、舟に乗せて揺らしてみたが、効果はなし

2 白鳥を捕まえてあげる

ヤマノベノオオタカが日本中をまわって北陸で白鳥を捕まえた。しかし、ホムチワケが口を利くことはなかった

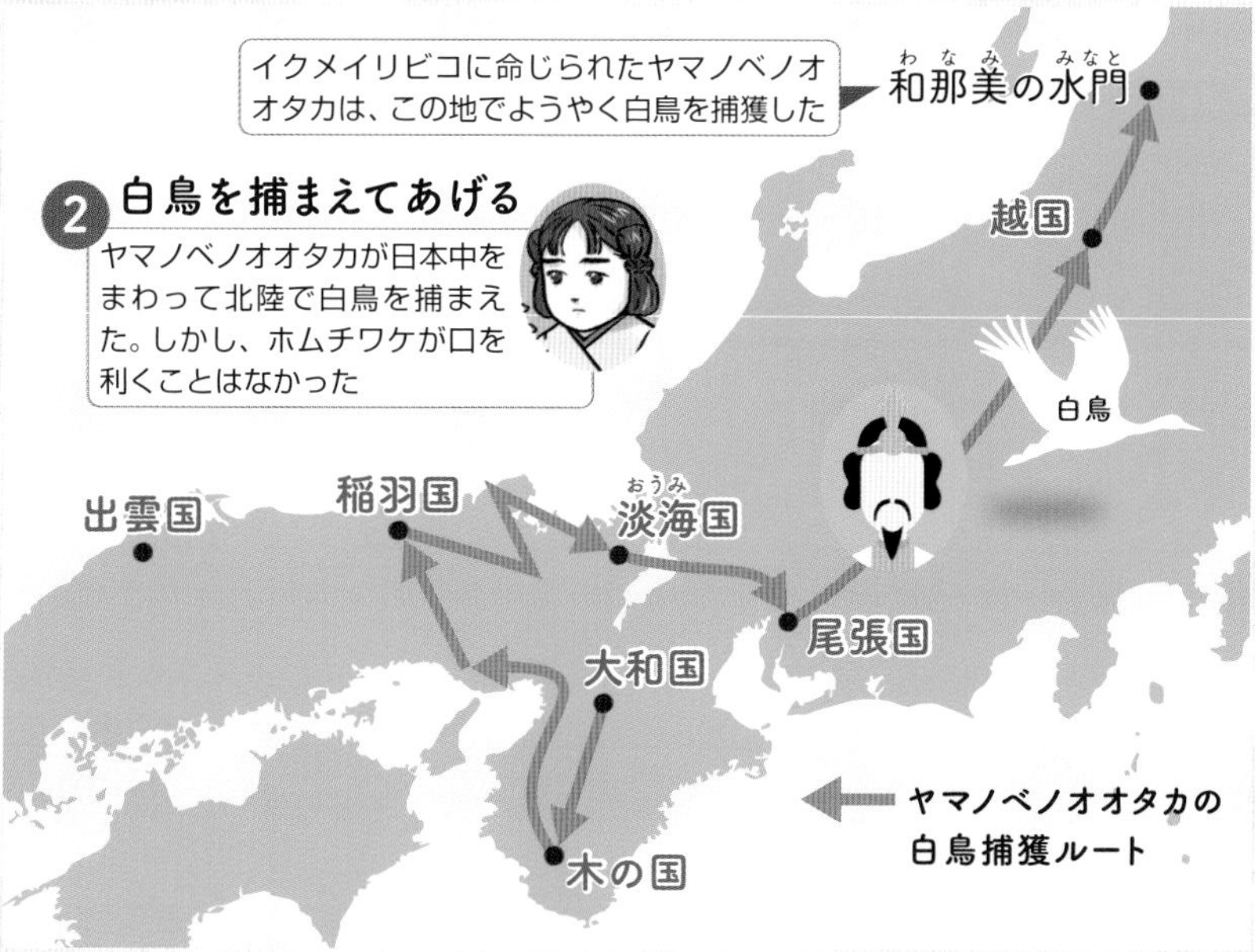

イクメイリビコに命じられたヤマノベノオオタカは、この地でようやく白鳥を捕獲した
和那美《わなみ》の水門《みなと》
越国
白鳥
出雲国
稲羽国
淡海《おうみ》国
尾張国
大和国
木の国
ヤマノベノオオタカの白鳥捕獲ルート

3 出雲の神を祀る

イクメイリビコの夢に出たオオクニヌシの言うとおり、ホムチワケに出雲参拝に行かせたところ、口が利けるようになった

もっと知りたい記紀

相撲の起源

日本の国技といえば相撲ですが、相撲はイクメイリビコ（垂仁天皇）の時代に生まれたとされています。最初の天覧《てんらん》試合とされるのが大和のタギマノケハヤという剛力の男と、出雲から呼ばれたノミノスクネ（写真）の一戦で、ノミノスクネがあばら折で勝利しました。

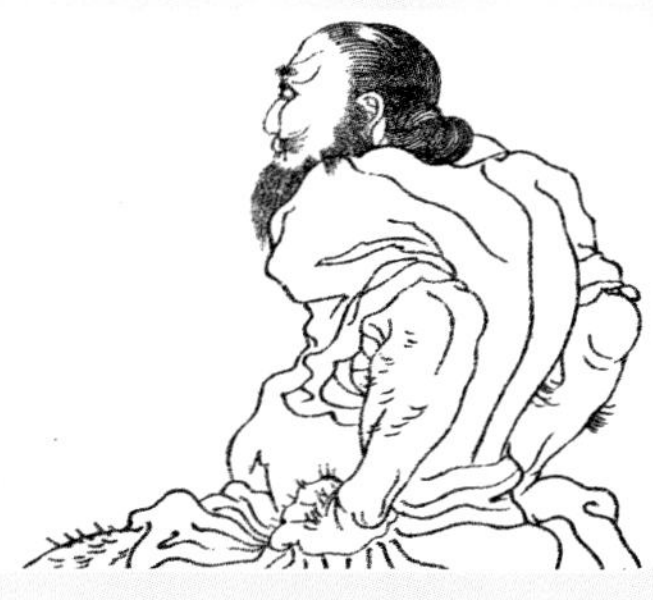

ヤマトタケルの東西遠征

100字で要約

ヤマトタケルは父の命によって九州平定を行います。その後、続けざまに東国平定も命じられ、蝦夷を討伐しました。しかし、伊吹《いぶき》山の神を侮ったために落命。英雄の魂は白鳥になって飛び立ったとされています。

イクメイリビコの子オオタラシヒコ（第十二代景行《けいこう》天皇）は、エヒメ・オトヒメという美しい姉妹を后として迎えようと、息子のオオウスを遣わします。ところが、オオウスが姉妹を気に入って自分の妻にしてしまい、父の前に姿を現さなくなりました。

オオウスとの関係修復を望むオオタラシヒコが「オオウスを教え諭すように」と弟のオウスに命じると、オウスは兄を惨殺。「兄をつかみ潰し、手足を引きちぎって投げ捨てた」との報告を聞き、わが子の凶暴さに驚いたオオタラシヒコは、オウスを朝廷から遠ざけようと、九州のクマソタケル兄弟の討伐を命じました。

ヤマトタケルの名を得る

オウスは「力を試す機会がきた」と喜び勇んで出発。伊勢で叔母のヤマトヒメからお守りとなる着物を授かり、九州へと赴きます。

その着物をまとって乙女になりすましたオウスは、クマソタケル兄弟の館で行われる宴《うたげ》に潜入。宴もたけなわになったとき、兄弟の兄の胸を剣で刺し、さらに逃げる弟の背中をつかんで尻から串刺しにしました。弟は息絶える寸前、オウスの勇敢さを褒め、自身の名「タケル」を献上します。これ以降、オウスは「ヤマトタケル」と名乗るようになりました。

クマソタケル兄弟を討伐したヤマトタケルは帰途、出雲平定に乗り出します。出雲の首長イズモタケルと友情を結んで油断させたところを

出典

『古事記』中つ巻

主な登場人物

- ヤマトタケル
- ヤマトヒメ
- クマソタケル兄弟
- イズモタケル
- 伊吹山の神

『日本書紀』との違い

『日本書紀』でのヤマトタケルは兄のオオウスを殺しておらず、九州から戻った後、東征の将軍にオオウスを推挙しました。しかし、オオウスは逃げ出したため美濃に追放され、ヤマトタケルが遠征を買って出たと記されています。

父との確執ではじまった遠征

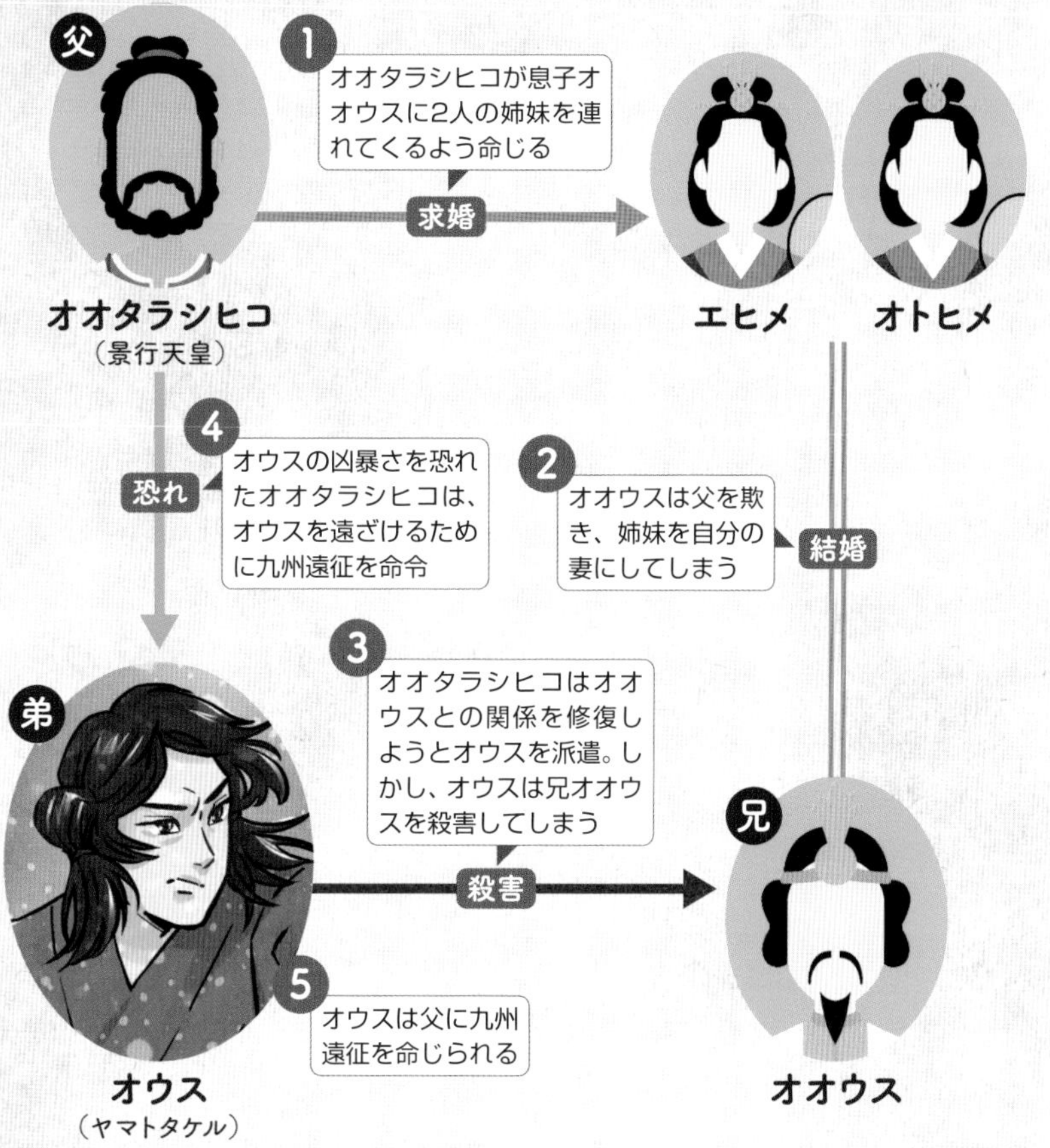

父
オオタラシヒコ
（景行天皇）
1
オオタラシヒコが息子オオウスに2人の姉妹を連れてくるよう命じる
求婚
エヒメ
オトヒメ
4
オウスの凶暴さを恐れたオオタラシヒコは、オウスを遠ざけるために九州遠征を命令
恐れ
2
オオウスは父を欺き、姉妹を自分の妻にしてしまう
結婚
3
オオタラシヒコはオオウスとの関係を修復しようとオウスを派遣。しかし、オウスは兄オオウスを殺害してしまう
殺害
弟
兄
5
オウスは父に九州遠征を命じられる
オウス
（ヤマトタケル）
オオウス

もっと知りたい記紀

まつろわぬ人々

記紀にはクマソタケル兄弟のような反抗勢力がいくつか登場し、「まつろわぬ人々」と呼ばれます。南九州の熊襲《くまそ》、熊襲より西に住み、ヤマト政権に抵抗を続けた隼人《はやと》、東国の洞窟や岩屋に住んでいたとされる土蜘蛛《つちぐも》、東北以北に住んでいた蝦夷《えみし》などが代表例です。

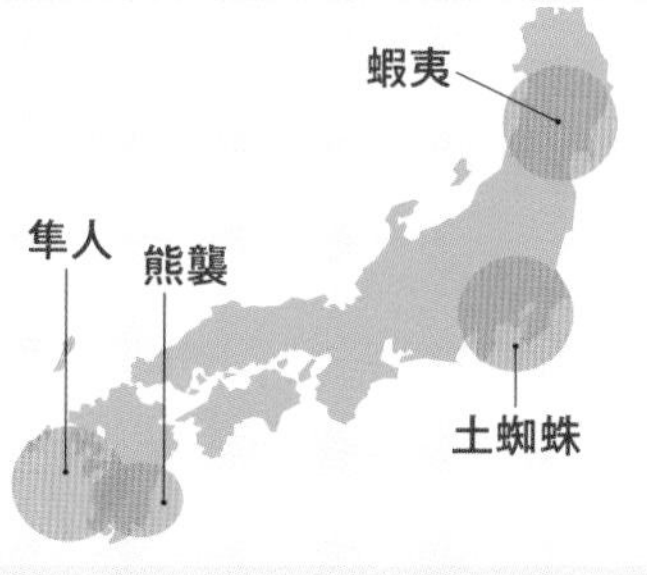

蝦夷
隼人
熊襲
土蜘蛛

だまし討ちにしました。こうして出雲を平定したヤマトタケルは、大和に凱旋《がいせん》したのです。

炎と海で危機に陥る

ところが、帰郷したヤマトタケルに対し、父のオオタラシヒコからねぎらいや賞賛はありません。それどころか、休む間もなく東国遠征を命じられます。

ヤマトタケルが叔母のヤマトヒメのもとを訪れ、「父に嫌われている」と嘆くと、彼女は草《くさ》薙剣《なぎのつるぎ》と火打ち石を与えて送り出しました。

東国遠征に出たヤマトタケルは、当初は快進撃を続けます。しかし、相模《さがみ》で国造《くにのみやつこ》の罠にはまり、焼き討ちにされました。このときヤマトタケルは、ヤマトヒメから授かった火打ち石を使って向火《むかいび》で炎をはね返し、危機を脱します。

走水《はしりみず》の海（浦賀水道）を渡航中には、大嵐に遭い、船が沈みかけました。このときは妻のオトタチバナヒメが生贄《いけにえ》として入水《じゅすい》することで海の神の怒りを鎮め、なんとか房総半島に到達。その後、東国のまつろわぬ人々を討ちました。

東国平定に成功したヤマトタケルは帰路、足柄の坂の上に立ち、「吾妻《あづま》はや」と亡くなったオトタチバナヒメを偲びました。そのため、足柄より東は「アヅマ」と呼ばれるようになったといわれています。

神を侮った大きな代償

その後、ヤマトタケルは婚約していたミヤズヒメと結婚し、伊吹山の神の征伐に向かいます。しかしこのとき、ヤマトタケルは度重なる勝利で傲慢になっていたのか、守り刀である草薙剣を忘れてしまいました。

また、ヤマトタケルは途中で白い猪《いのしし》と遭遇します。この白い猪こそ神の化身だったのですが、ヤマトタケルはそうとは知らず、「神を倒した後にお前を殺せばよいだろう」と侮った態度をとります。これで神の怒りを買い、大粒の雹《ひょう》を打ちつけられてしまったのです。

衰弱したヤマトタケルは大和に向かうも、能《の》褒野《ぼの》で力尽きました。そして大和を懐かしむ歌を詠んで息絶えたのです。

妻子が駆けつけ、夫の死を嘆き悲しむなか、その魂は白鳥となって天高く飛んでいきました。

『日本書紀』との違い

『日本書紀』でのヤマトタケルは、父との仲が良好です。九州遠征には父が出向き、ヤマトタケルは2回目の遠征でカワカミノタケルを討伐しました。ヤマトタケルの死後、父は息子を偲んで息子が平定した地を巡行しています。

ヤマトタケルの東西遠征地図

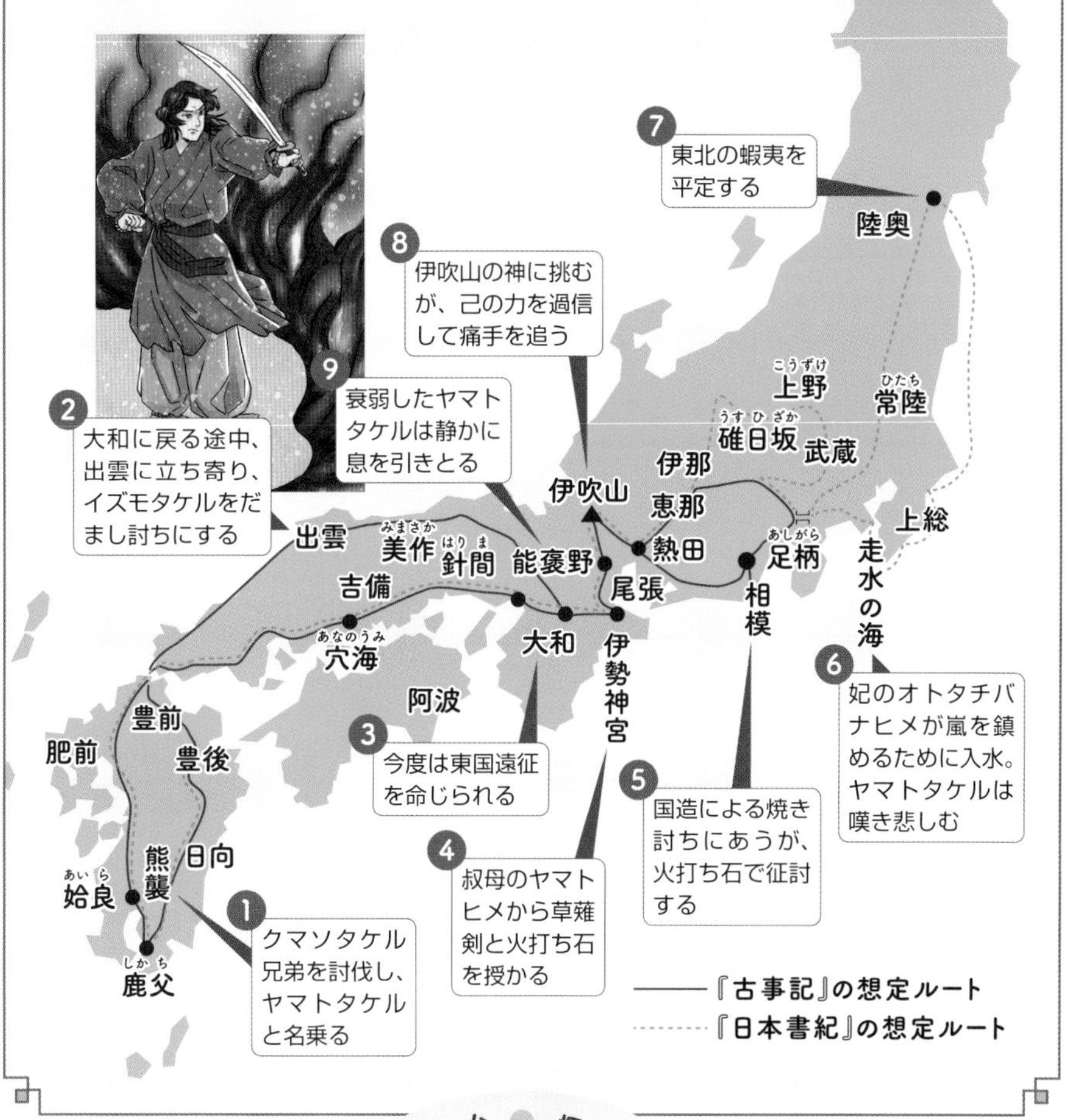

7 東北の蝦夷を平定する
陸奥
8 伊吹山の神に挑むが、己の力を過信して痛手を追う
9 衰弱したヤマトタケルは静かに息を引きとる
2 大和に戻る途中、出雲に立ち寄り、イズモタケルをだまし討ちにする
上野《こうずけ》
常陸《ひたち》
碓日坂《うすひざか》
武蔵
伊那
伊吹山
恵那
上総
出雲
美作《みまさか》
針間《はりま》
能褒野
熱田
足柄《あしがら》
走水の海
吉備
尾張
相模
穴海《あなのうみ》
大和
伊勢神宮
阿波
6 妃のオトタチバナヒメが嵐を鎮めるために入水。ヤマトタケルは嘆き悲しむ
豊前
肥前
豊後
3 今度は東国遠征を命じられる
5 国造による焼き討ちにあうが、火打ち石で征討する
熊襲
日向
姶良《あいら》
4 叔母のヤマトヒメから草薙剣と火打ち石を授かる
1 クマソタケル兄弟を討伐し、ヤマトタケルと名乗る
鹿父《しかち》
『古事記』の想定ルート
『日本書紀』の想定ルート

舞台探訪

白鳥陵《はくちょうりょう》古墳

白鳥となって飛び去ったとされるヤマトタケルの魂。その白鳥が降り立ったと伝わる地が各地にあります。大阪府羽曳野《はびきの》市の古市《ふるいち》古墳群を構成する白鳥陵古墳（写真）もそのひとつ。墳丘長約200m、周囲に幅30m以上の周濠が巡る同古墳は、白鳥が最初にとどまった場所とされています。

オキナガタラシヒメの朝鮮遠征

100字で要約

オキナガタラシヒメ（神功《じんぐう》皇后）は、神のお告げに従い、自ら軍を率いて朝鮮半島に向かいました。そして新羅《しらぎ》や百済《くだら》を下し、帰国の途で子を生みました。

オオタラシヒコ（景行天皇）亡き後、皇位はその子ワカタラシヒコ（第十三代成務《せいむ》天皇）、ヤマトタケルの子タラシナカツヒコ（第十四代仲哀《ちゅうあい》天皇）の順で継承されます。タラシナカツヒコの時代には、后のオキナガタラシヒメ（神功皇后）による新羅遠征が行われました。

あるとき、タラシナカツヒコがクマソ征伐のために九州に滞在していると、オキナガタラシヒメが神がかりとなり、「宝があふれる西方の国を与えよう。征伐しなさい」というお告げを受けます。しかし、そのお告げを伝え聞いたタラシナカツヒコは「西には海があるだけ」と疑ったため、神の祟りで急死してしまいました。

その後、オキナガタラシヒメは再び神の意志をうかがうと、彼女のお腹にいる子が天皇になることと、西方の国への行き方を教えられました。そのお告げに従い、オキナガタラシヒメは軍勢を率いて出陣。船は風に乗って朝鮮半島に上陸すると、新羅と百済を征服したのです。

命を狙われた御子

その帰路、オキナガタラシヒメは子を生みます。しかし、子の異母兄カゴサカとオシクマが謀反を企んでいると知り、わが子の命を懸念。あえて「御子は死んだ」という偽の情報を流し、船を喪船に仕立てて大和へ帰還しました。

さらにオキナガタラシヒメは、御子だけでなく母である自分も死んだと偽って敵を油断させ、オシクマらを討ちとったのです。

『日本書紀』との違い

オキナガタラシヒメの遠征については『古事記』『日本書紀』とも内容の具体性に乏しく、史実かどうか疑わしいとされています。ただし4世紀末のものとされる好太王碑には、当時、倭国が新羅や百済を下したとあります。

出典

『古事記』中つ巻

主な登場人物

- タラシナカツヒコ
- オキナガタラシヒメ
- カゴサカ
- オシクマ

オキナガタラシヒメの遠征ルート

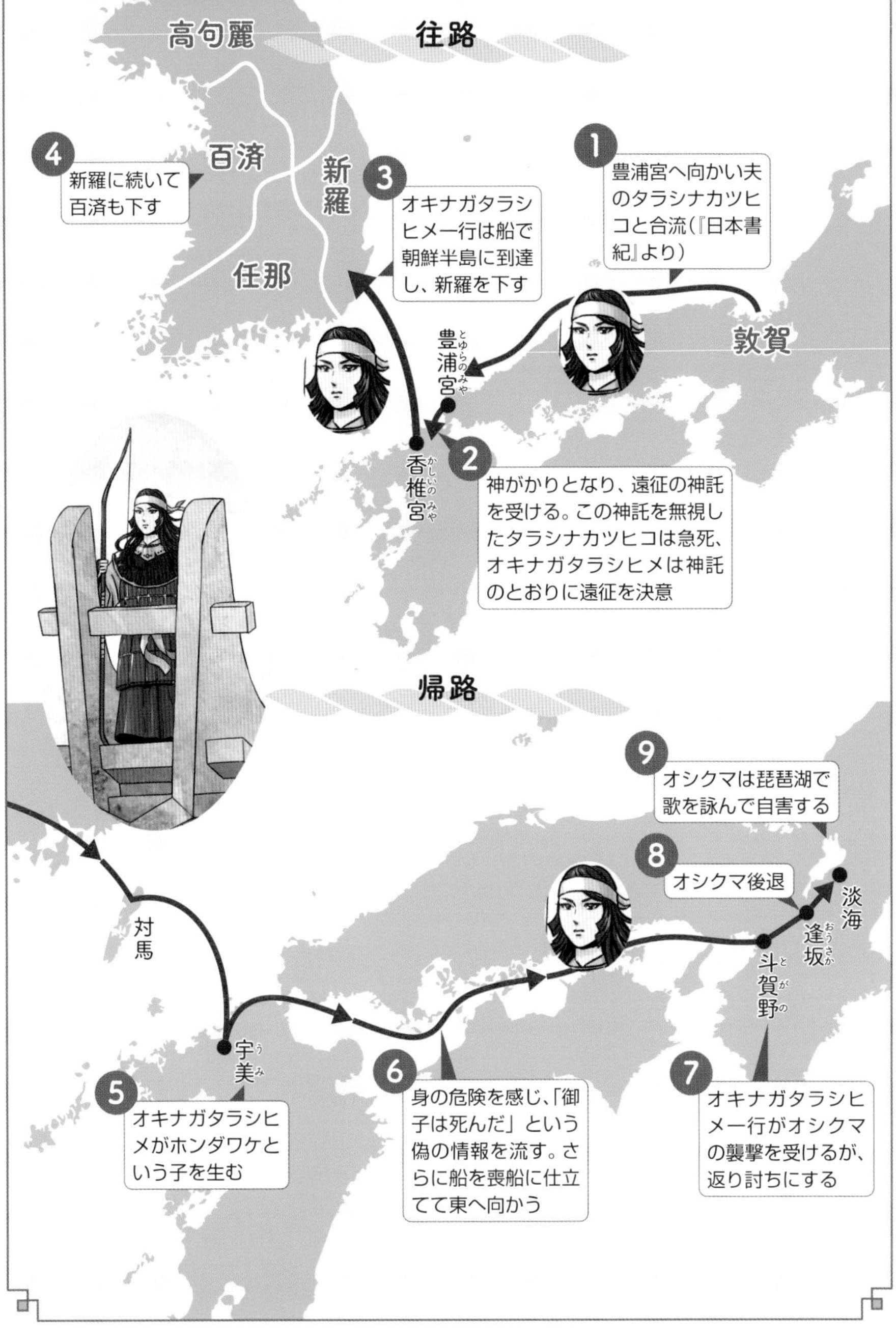
往路
高句麗
百済
新羅
任那
敦賀
豊浦宮《とゆらのみや》
香椎宮《かしいのみや》
1
豊浦宮へ向かい夫のタラシナカツヒコと合流（『日本書紀』より）
2
神がかりとなり、遠征の神託を受ける。この神託を無視したタラシナカツヒコは急死、オキナガタラシヒメは神託のとおりに遠征を決意
3
オキナガタラシヒメ一行は船で朝鮮半島に到達し、新羅を下す
4
新羅に続いて百済も下す
帰路
対馬
宇《う》美《み》
斗《と》賀《が》野《の》
逢《おう》坂《さか》
淡海
5
オキナガタラシヒメがホンダワケという子を生む
6
身の危険を感じ、「御子は死んだ」という偽の情報を流す。さらに船を喪船に仕立てて東へ向かう
7
オキナガタラシヒメ一行がオシクマの襲撃を受けるが、返り討ちにする
8
オシクマ後退
9
オシクマは琵琶湖で歌を詠んで自害する

ホンダワケの後継者争い

100字で要約

ホンダワケは三人の子のうち、末子のウジノワキイラツコを後継者にしようとします。反対する長男のオオヤマモリが、返り討ちに。最終的には次男のオオサザキが暗殺を計画しますが、皇位を継ぐことになりました。

オキナガタラシヒメ（神功皇后）の子ホンダワケは即位し（第十五代応神《おうじん》天皇）、多くの子を設けます。ホンダワケは、そのうち末子のウジノワキイラツコを寵愛しており、彼を後継者にしようと考えました。しかし、すんなりとはいかず、皇位をめぐる兄弟間の争いが起こってしまいました。

あるときホンダワケは、兄皇子のオオヤマモリ、弟皇子のオオサザキを呼びつけ、「年上の子と年下の子はどちらが愛しいか」と問いかけます。オオヤマモリは「年上の子」と答え、聡明なオオサザキは父の気持ちを推し測って「心配な年下の子」と回答。これを受け、ホンダワケはオオヤマモリには海と山の支配を、オオサザキには天皇の相談役の役割を与えました。

内乱を防いだオオサザキ

納得できないオオヤマモリは父の死後、皇位継承者となったウジノワキイラツコの殺害を企てます。しかし、ウジノワキイラツコはオオサザキから暗殺計画を知らされると、船頭に変装してオオヤマモリを乗せ、途中で船を揺らして川に突き落としました。川岸には兵が控えており、オオヤマモリは岸に上がれず溺死します。

これでウジノワキイラツコの地位は安泰かと思いきや、彼はオオサザキに皇位を譲ろうとします。オオサザキは父の遺命にそむけないと固辞しましたが、弟の早世によって即位することになったのです（第十六代仁徳《にんとく》天皇）。

『日本書紀』との違い

『日本書紀』では、ウジノワキイラツコは兄に皇位を譲るために自害しました。オオサザキが「父にあわす顔がない」と嘆くと生き返り、「兄こそが聖。何度も辞退したと父に伝えます」と告げたと記されています。

出典

『古事記』中つ巻

主な登場人物

- ホンダワケ
- オオヤマモリ
- オオサザキ
- ウジノワキイラツコ

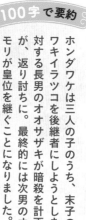

ホムダワケと子どもたちのやりとり

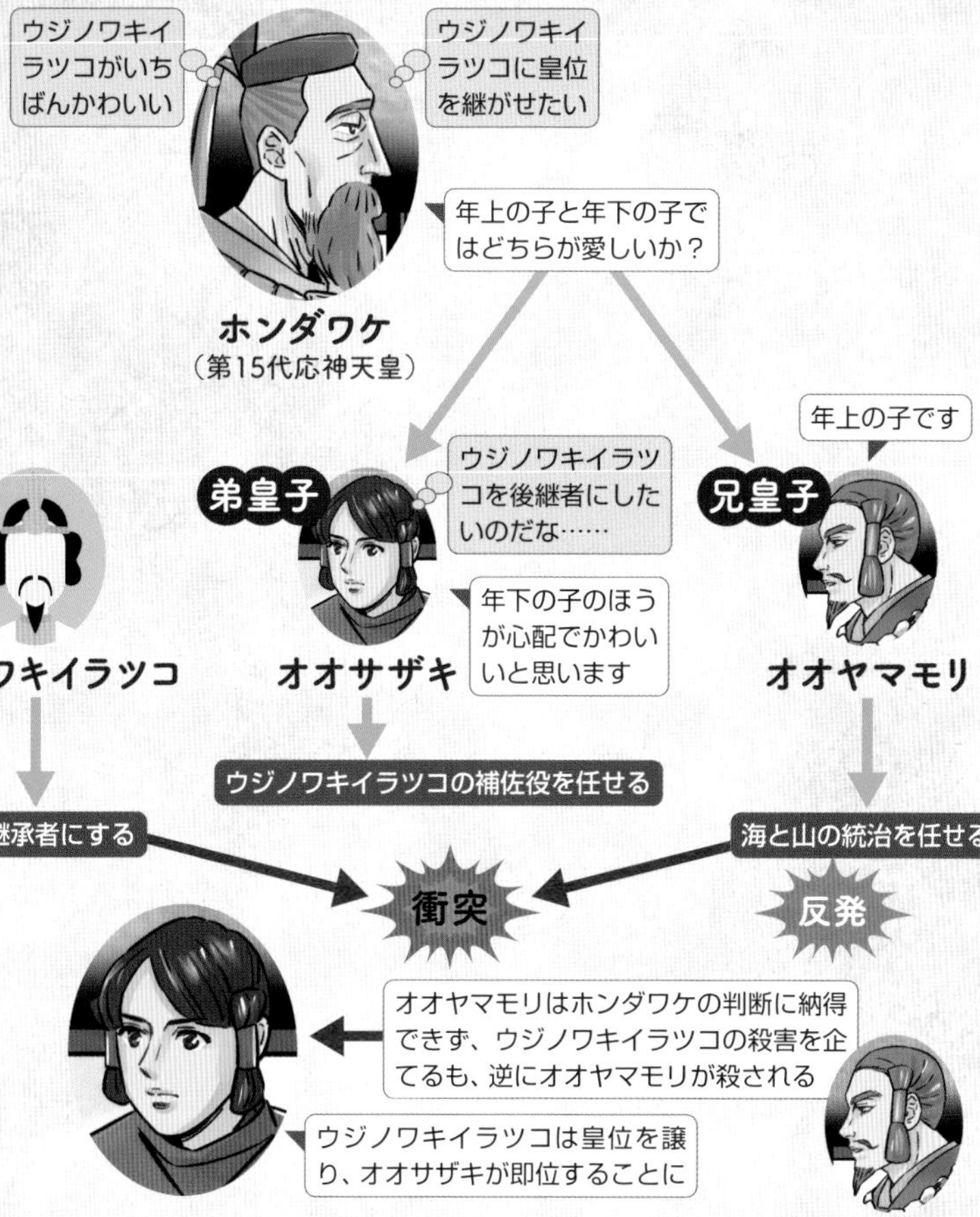

ウジノワキイラツコがいちばんかわいい
ウジノワキイラツコに皇位を継がせたい
年上の子と年下の子ではどちらが愛しいか？
ホンダワケ
（第15代応神天皇）
年上の子です
末子
ウジノワキイラツコ
弟皇子
オオサザキ
ウジノワキイラツコを後継者にしたいのだな……
年下の子のほうが心配でかわいいと思います
兄皇子
オオヤマモリ
ウジノワキイラツコの補佐役を任せる
皇位継承者にする
海と山の統治を任せる
衝突
反発
オオヤマモリはホンダワケの判断に納得できず、ウジノワキイラツコの殺害を企てるも、逆にオオヤマモリが殺される
ウジノワキイラツコは皇位を譲り、オオサザキが即位することに

もっと知りたい記紀

新羅の皇子アメノヒボコ

新羅から日本にやってきた皇子アメノヒボコの逸話が『古事記』にあります。ヒボコはある娘を追いかけて来日したのですが、会うことができず、別の女性と結婚。その子孫がオキナガタラシヒメの母になったとされています。つまり、オキナガタラシヒメは朝鮮にルーツをもつことになります。

なぜ、この逸話が挿入されたのでしょうか。それは神功皇后の朝鮮遠征を正当化しようとしたためではないかと考えられています。神功皇后とヒボコのつながりの真偽は不明ですが、つながっているとすれば朝鮮遠征を正当化することもできることから、編纂者が挿入した可能性が囁かれています。

記紀は邪馬台国《やまたいこく》をどのように描いているのか?

日本の古代史の重要事項のひとつが邪馬台国です。３世紀頃の日本に存在したとされるこの国について、『古事記』と『日本書紀』がどのように記しているのか気になるところですが、実のところ、どちらに関する言及もまったくありません。

邪馬台国は30ほどの小国を従え、女王卑弥呼《ひみこ》が統治していたといわれています。所在地は畿内か九州で、邪馬台国がやがてヤマト政権になったとも考えられています。しかし、記紀はその存在すら記していないのです。

ただ、『日本書紀』の神功紀には、卑弥呼に言及した中国の史書『魏志』倭人伝からの引用がみられます。そこから、編纂者たちが卑弥呼と第14代仲哀天皇の后神功皇后を同一視していた形跡がうかがえるのです。しかしながら、神功皇后の事績とされる朝鮮半島への出兵は４～５世紀のことなので、卑弥呼の時代と一致しません。

また、第７代孝霊《こうれい》天皇の皇女ヤマトトトビモモソヒメを卑弥呼とみなす説もあります。『日本書紀』には、彼女が第10代崇神天皇の時代にオオモノヌシ（＝オオクニヌシ）に乗り移られて信託を告げたと記されています。しかしながら、ヤマトトトビモモソヒメは女王として国を治めていたわけではなく、朝廷の皇女のひとりでしかないため、定説には至っていません。

箸墓《はしはか》古墳

卑弥呼と同一視されるヤマトトトビモモソヒメの墓といわれる箸墓古墳（奈良県桜井市）。記紀は邪馬台国や女王卑弥呼について記していないが、『日本書紀』にはヤマトトトビモモソヒメに関する記述がある

第5章

王権での権力闘争

皇位をめぐって繰り返される争い。
その争いに終止符を打ったのは誰か？

名場面でわかる！ 記紀のあらすじ

天皇という地位はどれほど魅力的なものなのでしょうか。
その座を巡り、多くの皇族が権力闘争を繰り広げました。
本章では残忍で悲しい争いの数々を紹介します。

スミノエノナカツの反乱
イザホワケ、スミノエノナカツ、ミズハワケの兄弟は、皇位をめぐって争いを繰り広げた
▶P96

聖帝オオサザキの政治
オオサザキは開墾や治水事業を行って国を豊かにし、「聖帝」と呼ばれた
▶P94

少年マヨワの乱
血で血を洗う争いが続き、7歳の少年マヨワが父を殺したアナホを手にかけた
▶P98

オオハツセの暴虐
オオハツセは皇位継承のために殺戮を繰り返す。血を分けた兄弟さえも容赦なく殺害した
▶P100
オオハツセの恋
残忍なオオハツセだが、恋多き天皇でもあり、各地で恋をして想いを歌にした
▶P102
オケとヲケの復讐
オオハツセに殺されたイチノベノオシハワケの遺児オケとヲケが播磨で発見され、都に戻って復讐を繰り広げる ▶P104

聖帝オオサザキの政治

100字で要約

オオサザキは「聖帝」と呼ばれるほど優れた王で、開墾《かいこん》や治水事業を行い、国を豊かにしました。しかし、その一方で女性にだらしない一面があり、多くの女性と恋仲になって妻のイワノヒメを悩ませました。

後継者争いに勝利して即位したオオサザキ（第十六代仁徳《にんとく》天皇）は善政を行い、聖帝と称賛された人物です。

まず、オオサザキは河内平野などで大規模な開墾や治水事業を行いました。ただし、それによって国は豊かになったものの、多くの民衆が動員されて疲弊し、困窮してしまいます。

あるときオオサザキが高い山の上から国を見渡すと、どの家からも炊事の煙が立ち上っていません。民衆は満足に食事をとれないほど貧しくなっていたのです。そこでオオサザキは三年間、税を免除することにしました。加えて、自らも質素な生活を送りました。

その結果、民衆の生活状況は次第に上向いていき、三年後には多くの炊煙が立ち上るようになりました。その光景を見たオオサザキは、安心して課税を命じたといいます。

浮気に悩む皇后イワノヒメ

国を富ませ、慈悲深い心で民衆と接したオオサザキですが、浮気をしがちな一面ももっていました。そんな夫に嫉妬の炎を燃やしたのが皇后のイワノヒメです。

オオサザキが吉備から妃のクロヒメを呼び寄せると、イワノヒメは彼女をすぐに追い出し、帰国途中には船から下ろして歩いて帰らせました。異母妹のヤタノワキイラツメと懇《ねんご》ろになったときには、イワノヒメが家出をしてしまい、オオサザキが出迎えにいって仲直りしています。

出典

『古事記』下つ巻

主な登場人物

- オオサザキ
- イワノヒメ
- クロヒメ
- ヤタノワキイラツメ

『日本書紀』との違い

ヤタノワキイラツメとの一件の際、イワノヒメは『日本書紀』でも家出しています。しかしその後、オオサザキとは和解せずに亡くなってしまい、ヤタノワキイラツメが皇后の座に収まることになりました。

オオサザキの事績

1 開墾や治水工事を行い、国土を豊かにしようとする

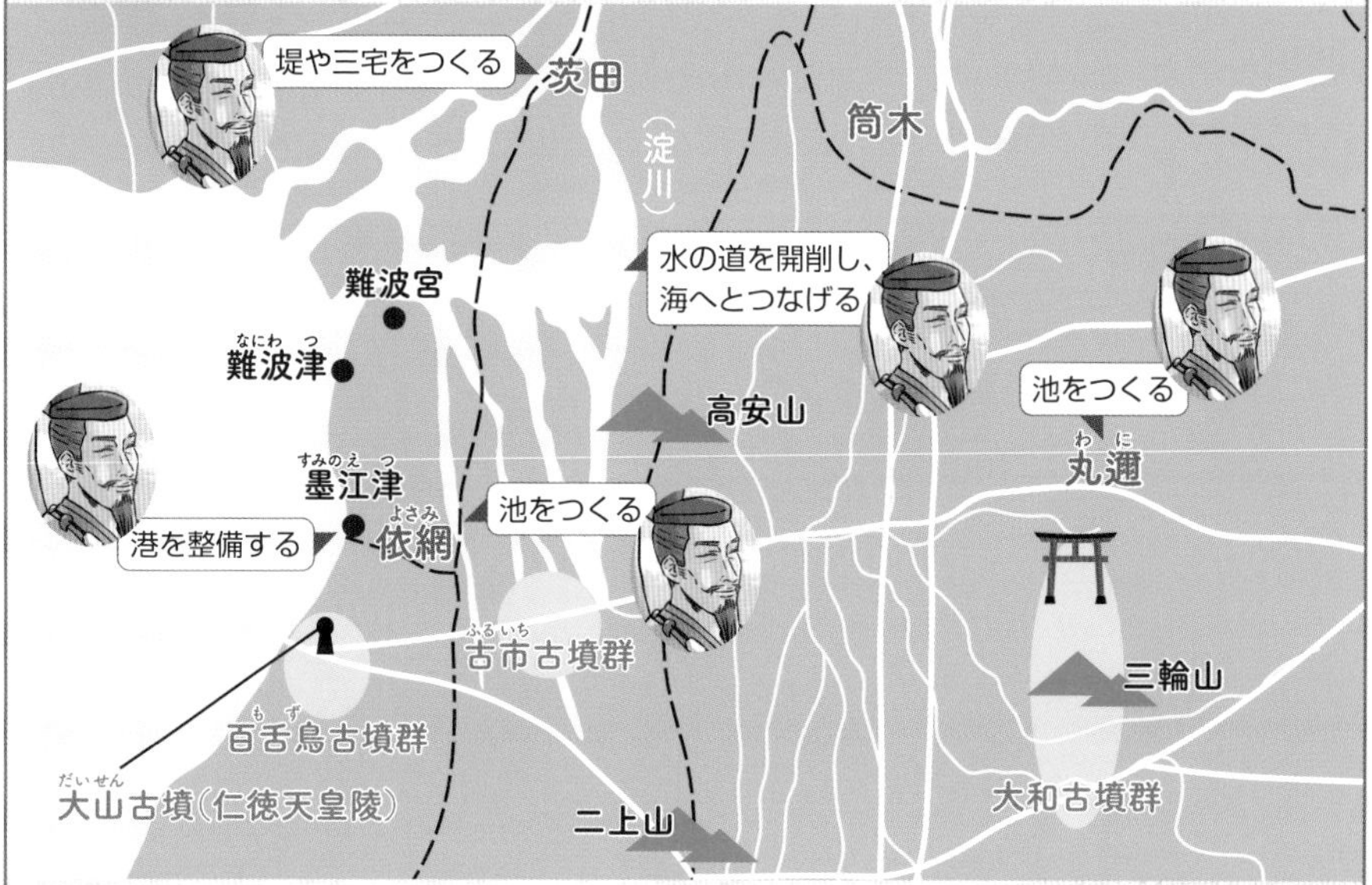

堤や三宅をつくる
茨田
筒木
（淀川）
難波宮
難波津《なにわつ》
水の道を開削し、海へとつなげる
高安山
池をつくる
丸邇《わに》
墨江津《すみのえつ》
依網《よさみ》
池をつくる
港を整備する
古市《ふるいち》古墳群
三輪山
百舌鳥《もず》古墳群
大山《だいせん》古墳（仁徳天皇陵）
大和古墳群
二上山

2 工事などに駆り出された民衆が疲弊してしまう

3 民衆に対する税を 3 年間免除。天皇自らも質素な生活を送る

4 民衆の生活は豊かになり、国中で炊煙が上るようになった

舞台探訪

大山《だいせん》古墳

百舌鳥《もず》古墳群を構成する大山（大仙陵）古墳（写真）は、仁徳天皇陵と考えられている古墳です。全長約486mもある日本最大の前方後円墳で、古代エジプトのクフ王のピラミッド、中国・秦《しん》の始皇帝《しこうてい》陵と並ぶ世界3大墳墓のひとつに数えられています。周囲には3重の濠がめぐらされています。

スミノエノナカツの反乱

100字で要約

イザホワケ、スミノエノナカツ、ミズハワケの兄弟は複雑な関係でした。イザホワケがスミノエノナカツに殺されかけ、ミズハワケがスミノエノナカツを殺害。この争いの結果、兄弟による初の皇位継承が実現しました。

オオサザキ（仁徳天皇）の没後、後継者に選ばれたのは長男のイザホワケ（第十七代履《り》中《ちゅう》天皇）でした。しかし、その治世は不安定な幕開けとなります。兄弟間で皇位をめぐる争いが起こったのです。

新嘗《にいなめ》の宴《うたげ》の際、イザホワケが酔いつぶれていると、次男のスミノエノナカツが放火。イザホワケは家臣の助けで宮殿を脱出し、石上《いそのかみ》神宮へと逃げ延びましたが、間一髪の状況でした。

まもなく兄の身を案じた三男のミズハワケがやってきましたが、イザホワケはもはや身内であろうとも信用できず、「スミノエノナカツを殺してからくるように」と、ミズハワケを追い返してしまいました。

兄殺しで潔白を証明したミズハワケ

兄に会いたいミズハワケは、スミノエノナカツの側近ソバカリに近づき、「主君を殺せば大臣に取り立てよう」とそそのかします。その気になったソバカリは厠《かわや》に入ったスミノエノナカツを戸の外から矛で刺し殺しますが、ミズハワケは主君を裏切った家臣を信用できなくなり、ソバカリを宴席で殺害しました。

ミズハワケがイザホワケにスミノエノナカツ殺害を報告すると、イザホワケは心を開き、兄弟の対面がかないました。そしてイザホワケは六十四歳まで政務をとり、その死後はミズハワケ（第十八代反正《はんぜい》天皇）が皇位を継ぎます。これが兄弟による初の皇位継承となりました。

『日本書紀』との違い

スミノエノナカツが挙兵した理由について、『古事記』は多くを語っていません。一方、『日本書紀』はイザホワケと婚約していた女性をスミノエノナカツが犯し、そのことが露見したために挙兵したと記しています。

出典

『古事記』下つ巻

主な登場人物

・イザホワケ
・ミズハワケ
・スミノエノナカツ

皇位をめぐり争う兄弟

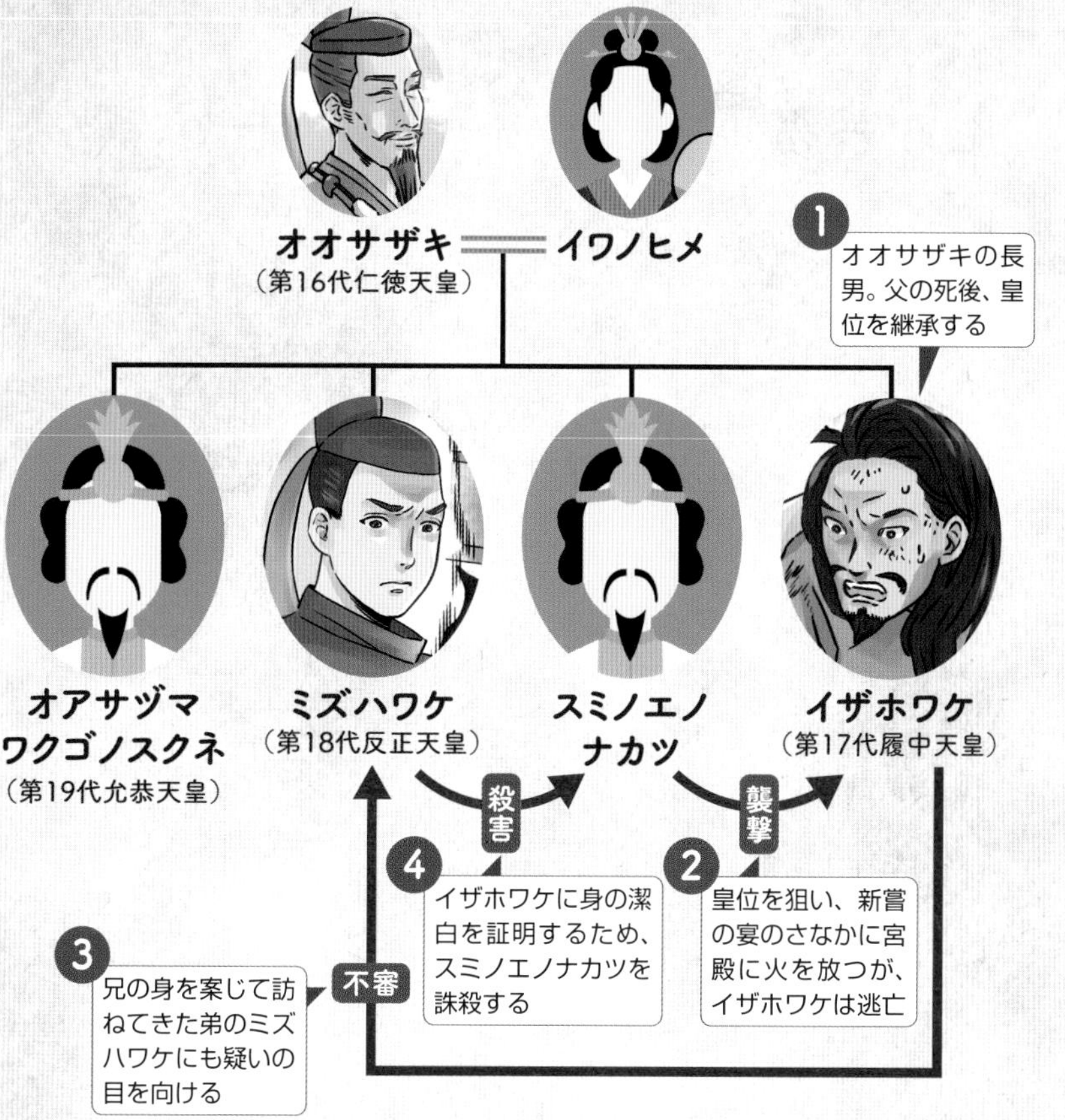
オオサザキ
（第16代仁徳天皇）
イワノヒメ
1
オオサザキの長男。父の死後、皇位を継承する
オアサヅマワクゴノスクネ
（第19代允恭天皇）
ミズハワケ
（第18代反正天皇）
スミノエノナカツ
イザホワケ
（第17代履中天皇）
殺害
襲撃
不審
4
イザホワケに身の潔白を証明するため、スミノエノナカツを誅殺する
2
皇位を狙い、新嘗の宴のさなかに宮殿に火を放つが、イザホワケは逃亡
3
兄の身を案じて訪ねてきた弟のミズハワケにも疑いの目を向ける

もっと知りたい記紀

武器庫・石上《いそのかみ》神宮

スミノエノナカツの襲撃を受けたイザホワケは、石上神宮（奈良県天理市）へ向かいました。当時、この神社には皇室から刀剣を奉納されており、ヤマト政権の武器庫のような役割を担っていました。そうした背景があったため、イザホワケはここに逃げ込んだと考えられています。

少年マヨワの乱

100字で要約

アナホは家臣の邪《よこしま》な心を見抜けず、讒言《ざんげん》を信じてオオクサカを殺してしまいます。その結果、オオクサカの子マヨワに暗殺され、悲惨な最期を迎えました。

ミズハワケ（反正天皇）の後は、弟のオアサツマワクゴノスクネが即位しました（第十九代允恭《いんぎょう》天皇）。その跡目は長男のキナシノカルのはずでしたが、キナシノカルは即位せず、弟のアナホが即位しました（第二十代安康《あんこう》天皇）。

そのアナホは、天皇としては最も悲惨な最期を迎えたひとりとなります。

あるときアナホは、末弟オオハツセに嫁をとらせてやろうと考え、仁徳天皇の子オオクサカにネノオミという家臣を遣わせました。

オオクサカは大いに喜び、妹のワカクサカを捧げることを決め、感謝の印として宝石と金で飾った冠を手渡しました。ところが、その冠をネノオミが横どりしてしまいます。そればかりか、主のアナホに対して「縁談を断られた」と偽りの報告をしました。

ネノオミの報告を真に受けたアナホは激怒。オオクサカを殺害したうえ、その妻ナガタノオオイラツメを自分の嫁にしてしまったのです。

七歳の子どもによる暗殺劇

オオクサカにはマヨワという子がおり、マヨワはナガタノオオイラツメの連れ子としてアナホの御子になっていました。

あるとき、そのマヨワが父の死の真相を知り、アナホへの復讐を決意。当時まだ七歳ながら、就寝中のアナホを暗殺しました。

アナホは家臣の讒言を信じたばかりに、暗殺された史上初の天皇となったのです。

出典

『古事記』下つ巻

主な登場人物

- アナホ
- オオクサカ
- ネノオミ
- マヨワ

『日本書紀』との違い

ネノオミのその後について、『古事記』は詳細を記していません。しかし『日本書紀』によると、のちの雄略天皇の時代になってアナホへの讒言が発覚し、最期は殺害されたとしています。

マヨワの乱の経過

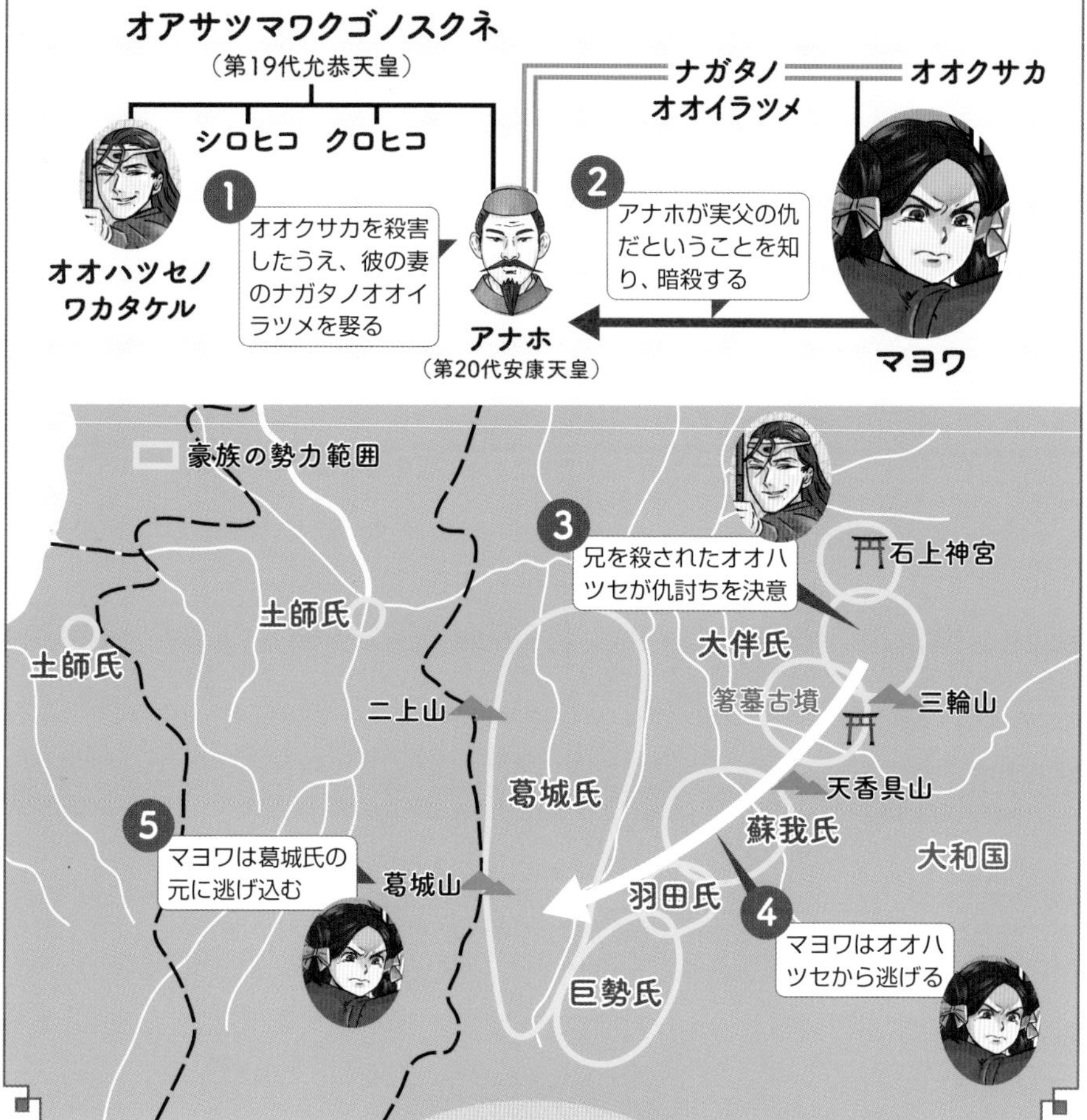

オアサツマワクゴノスクネ
（第19代允恭天皇）
シロヒコ
クロヒコ
ナガタノ
オオイラツメ
オオクサカ
オオハツセノ
ワカタケル
1
オオクサカを殺害したうえ、彼の妻のナガタノオオイラツメを娶る
アナホ
（第20代安康天皇）
2
アナホが実父の仇だということを知り、暗殺する
マヨワ
豪族の勢力範囲
3
兄を殺されたオオハツセが仇討ちを決意
石上神宮
土師氏
土師氏
大伴氏
箸墓古墳
三輪山
二上山
葛城氏
天香具山
5
マヨワは葛城氏の元に逃げ込む
葛城山
蘇我氏
大和国
羽田氏
4
マヨワはオオハツセから逃げる
巨勢氏

もっと知りたい記紀

キナシノカルの禁断の恋

オアサツマワクゴノスクネ（允恭天皇）の跡目は本来、長男のキナシノカル（木梨之軽皇子）のはずでした。しかし、キナシノカルは同腹の妹カルノオオイラツメと恋仲にあったことが問題視されました。近親相姦の概念がゆるかった当時にあっても、同母兄妹の恋愛に関しては禁忌とされていたのです。

結局、キナシノカルは人々に見放されてしまい、弟のアナホに信望が集まります。やがてアナホの兵に包囲され、追い詰められたキナシノカルは大臣の館に逃げ込んだところを捕えられました。そして、伊予への流罪にされたのです。

オオハツセの暴虐

100字で要約

アナホを暗殺した少年マヨワの首を、今度はアナホの弟オオハツセが狙います。オオハツセはマヨワだけでなく、実の兄二人を含む皇位継承のライバルたちを次々に殺害し、ついには雄略《ゆうりゃく》天皇として即位しました。

七歳の少年マヨワによるアナホ（安康天皇）暗殺劇。この衝撃的な事件に激怒したのがアナホの弟オオハツセです。オオハツセは兄の死を受けてすぐに動き出しました。

マヨワが葛城《かつらぎ》氏のツブラノオオミの家へ逃げ込んだことを知ったオオハツセは、同腹の兄クロヒコに報告します。しかし、クロヒコが決起しそうにないと見るや、怒って斬殺してしまいます。さらに、もうひとりの兄シロヒコも無関心だったので殺害しました。オオハツセは兄だからといって容赦しません。

その後、オオハツセは自らが軍勢を率いてツブラノオオミの館を取り囲み、マヨワらを自害に追い込みました。

オオハツセの殺戮は続く

四人の兄が亡くなり、皇位継承の最有力候補となったオオハツセですが、ライバルはまだ存在していました。亡き父の兄イザホワケの子であるイチノベノオシハワケです。このイチノベノオシハワケが次のターゲットとなりました。

あるとき、オオハツセはイチノベノオシハワケを狩りに誘います。そして馬に乗せて先に走らせ、オオハツセが追走。イチノベノオシハワケに追いつき、並んだ瞬間、オオハツセは隠していた弓矢を放ち、射落としたのです。遺体は斬り刻んで馬の飼馬桶《かいばおけ》に入れて埋めました。

すべてのライバルを抹殺したオオハツセは、ついに即位したのです（第二十一代雄略天皇）。

『日本書紀』との違い

『日本書紀』では、オオハツセの兄クロヒコがマヨワと一緒にツブラノオオミの館に逃げ込んでいます。そして、クロヒコはその場で焼き殺されたと記されています。

出典

『古事記』下つ巻

主な登場人物

- マヨワ
- オオハツセ
- クロヒコ
- シロヒコ
- イチノベノオシハワケ

殺戮のオオハツセ

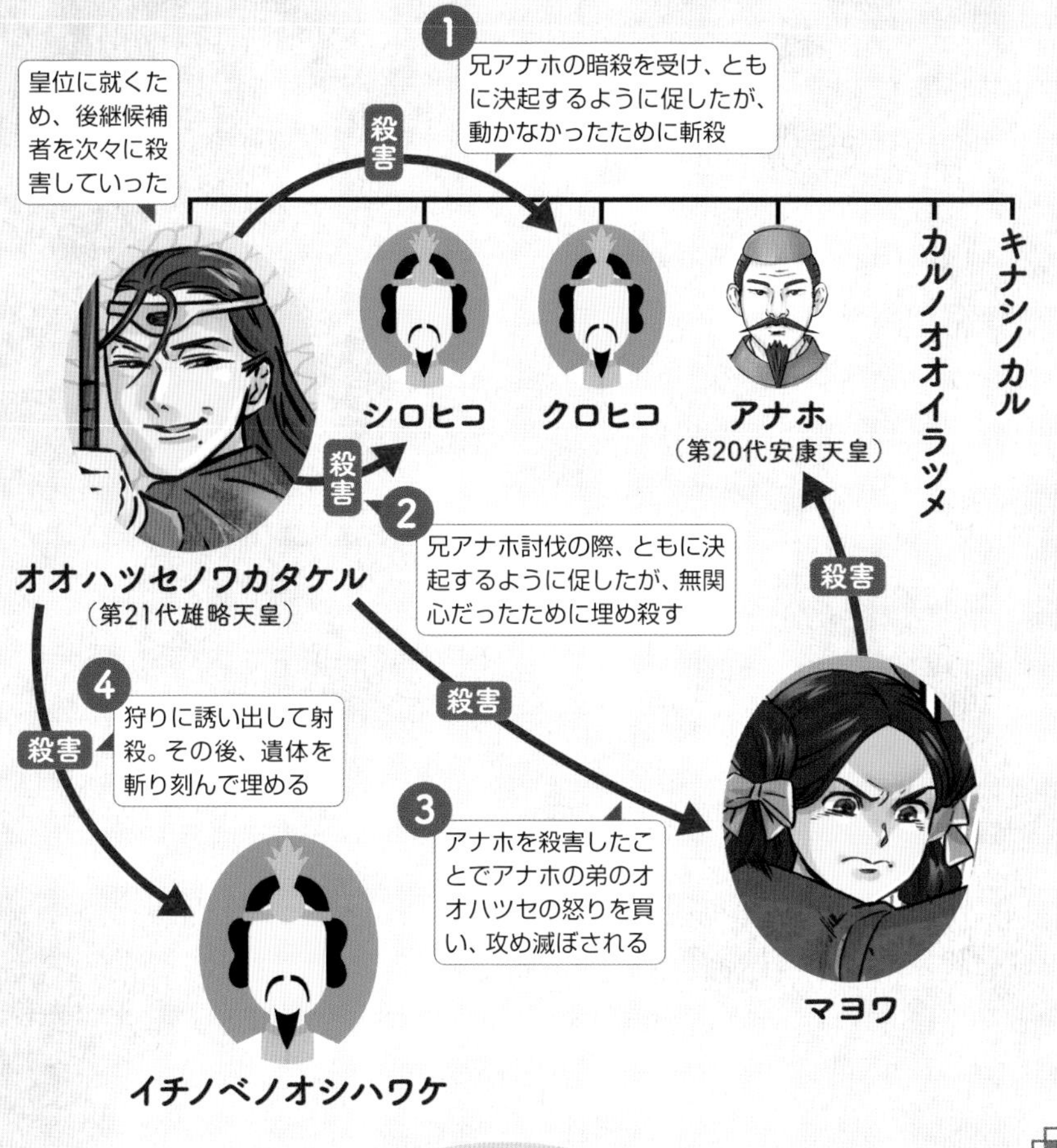
皇位に就くため、後継候補者を次々に殺害していった
1
兄アナホの暗殺を受け、ともに決起するように促したが、動かなかったために斬殺
殺害
シロヒコ
クロヒコ
アナホ
（第20代安康天皇）
カルノオオイラツメ
キナシノカル
殺害
2
兄アナホ討伐の際、ともに決起するように促したが、無関心だったために埋め殺す
オオハツセノワカタケル
（第21代雄略天皇）
殺害
4
狩りに誘い出して射殺。その後、遺体を斬り刻んで埋める
殺害
殺害
3
アナホを殺害したことでアナホの弟のオオハツセの怒りを買い、攻め滅ぼされる
マヨワ
イチノベノオシハワケ

舞台探訪

稲荷《いなり》山《やま》古墳

オオハツセ（雄略天皇）が君臨していた5世紀頃、その勢力圏は関東地方にまで達していたと考えられています。埼玉県行田《ぎょうだ》市の稲荷山古墳（写真）で発見された鉄剣に刻まれた文字から、オオハツセが「獲加多《わかた》支鹵大王《けるのおおきみ》」としてこの地を支配していたことがわかりました。

オオハツセの恋

100字で要約

天皇になるためには身内でも容赦なく殺す傍若無人なイメージのオオハツセ。その意外な一面が恋愛譚《たん》から明らかになります。オオハツセは恋する気持ちを多くの歌として残していたのです。

即位前は暴虐の限りを尽くしたオオハツセ（雄略天皇）ですが、その後の治世はのどかな歌物語で語られています。

オオハツセはオオクサカの妹ワカクサカベに求婚するため、生駒《いこま》山へと向かいました。その途中、天皇の宮殿のような立派な館を見て腹を立てて焼き払おうとします。ここまではいつもの気性の荒いオオハツセです。

しかし、家主から白い犬と美しい布をもらうと、それをワカクサカベに贈って恋の歌を詠み、求婚。こうしてワカクサカベを皇后に迎えたのです。

八十年越しの再会

オオハツセの恋は、これで終わりではありません。数多くの恋をし、その気持ちを歌にしました。

たとえば、美和《みわ》川を訪れたときのことです。オオハツセは川のほとりでアカイコという美少女を見初め、「必ず召し出すから嫁に行かないで待っているように」と言い残して立ち去りました。ところが、オオハツセはこの日の出来事をすっかり忘れてしまいます。

それから八十年たったある日、老婆になったアカイコがオオハツセの前に出現。オオハツセは、あのときの少女が年老いるまで一途に自分を待ってくれていたことを知って申し訳ない気持ちになり、その思いを歌にしました。そして彼女に多くの贈り物を与えて帰しています。

出典

『古事記』下つ巻

主な登場人物

・オオハツセ
・ワカクサカベ
・アカイコ

『日本書紀』との違い

『日本書紀』には、采女《うねめ》との色恋沙汰が記されています。オオハツセは采女と一夜をともにしながら、「一晩で妊娠するはずがない」とわが子の認知を拒否。しかし、采女に7回交わったと指摘され、認知することになりました。

オオハツセの恋歌

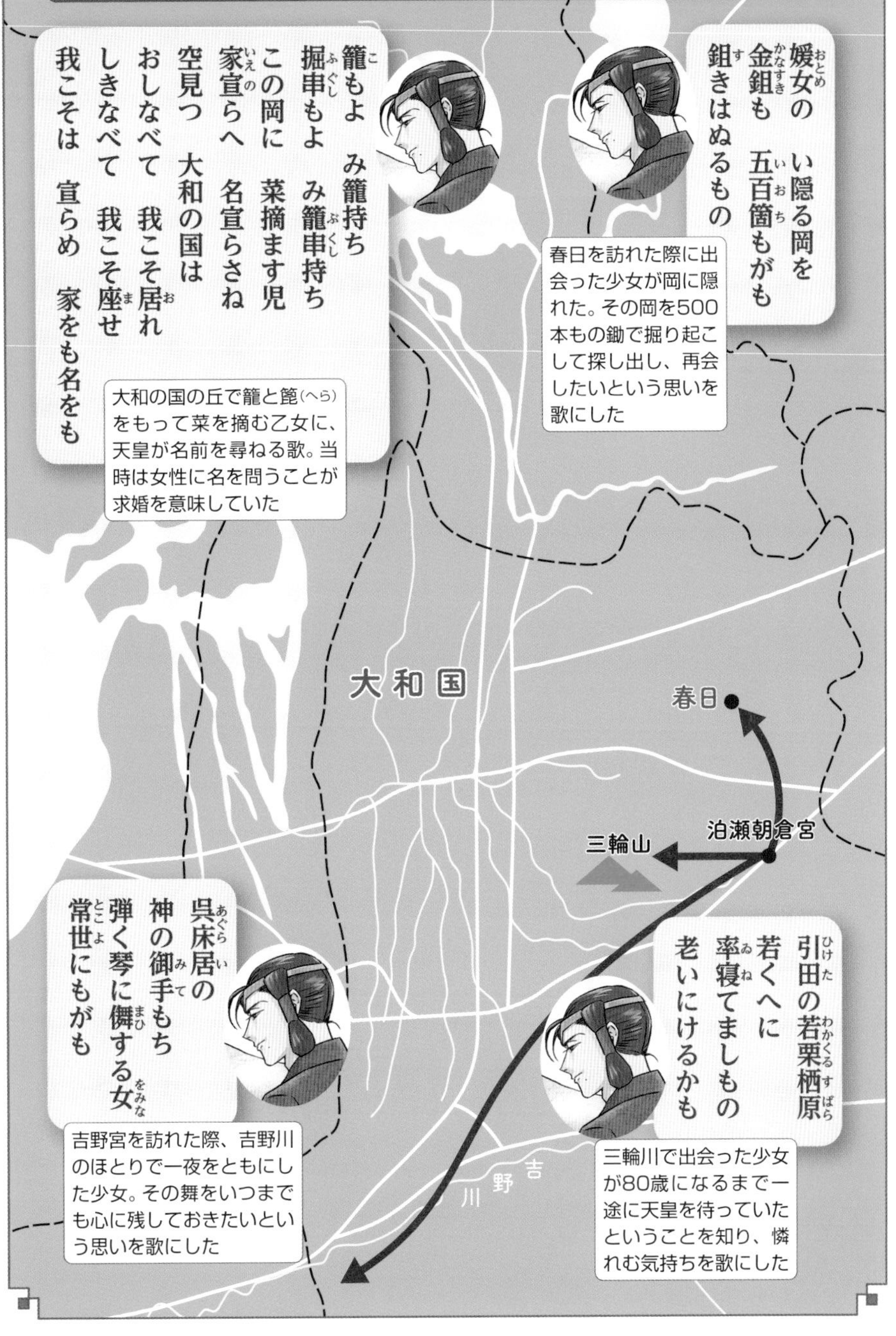
媛女《おとめ》の　い隠る岡を
金鉏《かなすき》も　五百箇《いおち》もがも
鉏《す》きはぬるもの
春日を訪れた際に出会った少女が岡に隠れた。その岡を500本もの鋤で掘り起こして探し出し、再会したいという思いを歌にした
籠《こ》もよ　み籠持ち
掘串《ふぐし》もよ　み籠串《ぶくし》持ち
この岡に　菜摘ます児
家宣《いえの》らへ　名宣らさね
空見つ　大和の国は
おしなべて　我こそ居《お》れ
しきなべて　我こそ座《ま》せ
我こそは　宣らめ　家をも名をも
大和の国の丘で籠と篦(へら)をもって菜を摘む乙女に、天皇が名前を尋ねる歌。当時は女性に名を問うことが求婚を意味していた
大和国
春日
泊瀬朝倉宮
三輪山
呉床《あぐら》居《い》の
神の御手《みて》もち
弾く琴に　儛《まひ》する女《をみな》
常世《とこよ》にもがも
吉野宮を訪れた際、吉野川のほとりで一夜をともにした少女。その舞をいつまでも心に残しておきたいという思いを歌にした
引田《ひけた》の若栗栖原《わかくるすばら》
若くへに
率寝《ゐね》てましもの
老いにけるかも
三輪川で出会った少女が80歳になるまで一途に天皇を待っていたということを知り、憐れむ気持ちを歌にした
吉野川

オケとヲケの復讐

100字で要約

オオハツセに殺害されたイチノベノオシハワケには、二人の遺児がいました。その二人のうち弟のヲケが即位すると、かつて非道な行為をされた者たちへの復讐が行われました。

オオハツセの後は、息子のシラカノオオヤマトネコが即位しました（第二十二代清寧《せいねい》天皇）が、妻子をもたぬまま亡くなってしまいました。朝廷には有力な皇子が残っておらず、皇統断絶の危機が迫るなか、播磨《はりま》で二人の幼い皇子が発見されます。それがオケとヲケです。

オケとヲケはイチノベノオシハワケの子。父がオオハツセに殺害された後、大和から逃げ出して播磨にいたところを発見されました。播磨では現地の有力者に仕え、ある宴席で「われらはイチノベノオシハワケの子」と歌うのを聞いた長官オダテが見つけたのでした。

二人はすぐに都へ呼ばれ、弟のヲケが即位することになりました（第二十三代顕宗《けんぞう》天皇）。

オオハツセの墓を荒らす

即位後、ヲケはまず父の亡骸を探し出し、父を手厚く葬ります。次に父や自分たち兄弟に非道な行為をした者に対する復讐をはじめました。

父に狩りを勧めた者の子に対して卑しいとされた墓守の仕事を命令したり、逃亡中の自分たちの食糧を奪った老人を探して斬り殺しました。

そして復讐の総仕上げは父の仇《かたき》であるオオハツセです。オオハツセの墓を壊して辱めを与えようとしたのです。しかし、ヲケはオケに「天皇の墓を壊すのは許されない」と説得され、墓を少し掘り返しただけで復讐を終えました。

その後、ヲケが亡くなると、オケが即位しました（第二十四代仁賢《にんけん》天皇）。

『日本書紀』との違い

『日本書紀』では、清寧天皇の在位時に兄弟が見つかっています。また、兄オケの即位時、ヲケの皇后が自殺しています。皇太子時代のオケに無礼な振る舞いをしたことが原因とされますが、兄弟間に確執があったようです。

出典

『古事記』下つ巻

主な登場人物

- オケ
- ヲケ

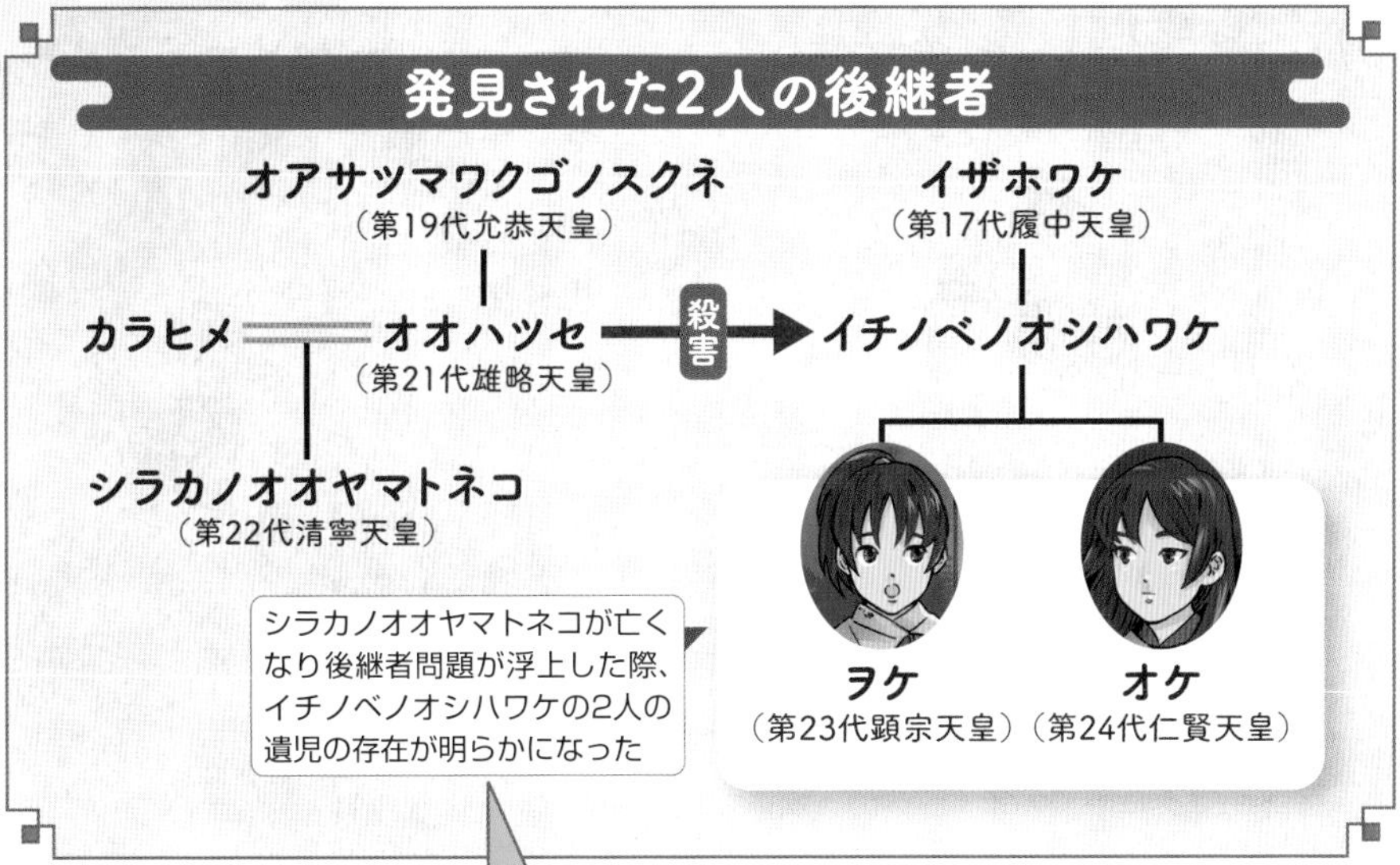

発見された2人の後継者
オアサツマワクゴノスクネ
（第19代允恭天皇）
イザホワケ
（第17代履中天皇）
カラヒメ
オオハツセ
（第21代雄略天皇）
殺害
イチノベノオシハワケ
シラカノオオヤマトネコ
（第22代清寧天皇）
シラカノオオヤマトネコが亡くなり後継者問題が浮上した際、イチノベノオシハワケの2人の遺児の存在が明らかになった
ヲケ
（第23代顕宗天皇）
オケ
（第24代仁賢天皇）

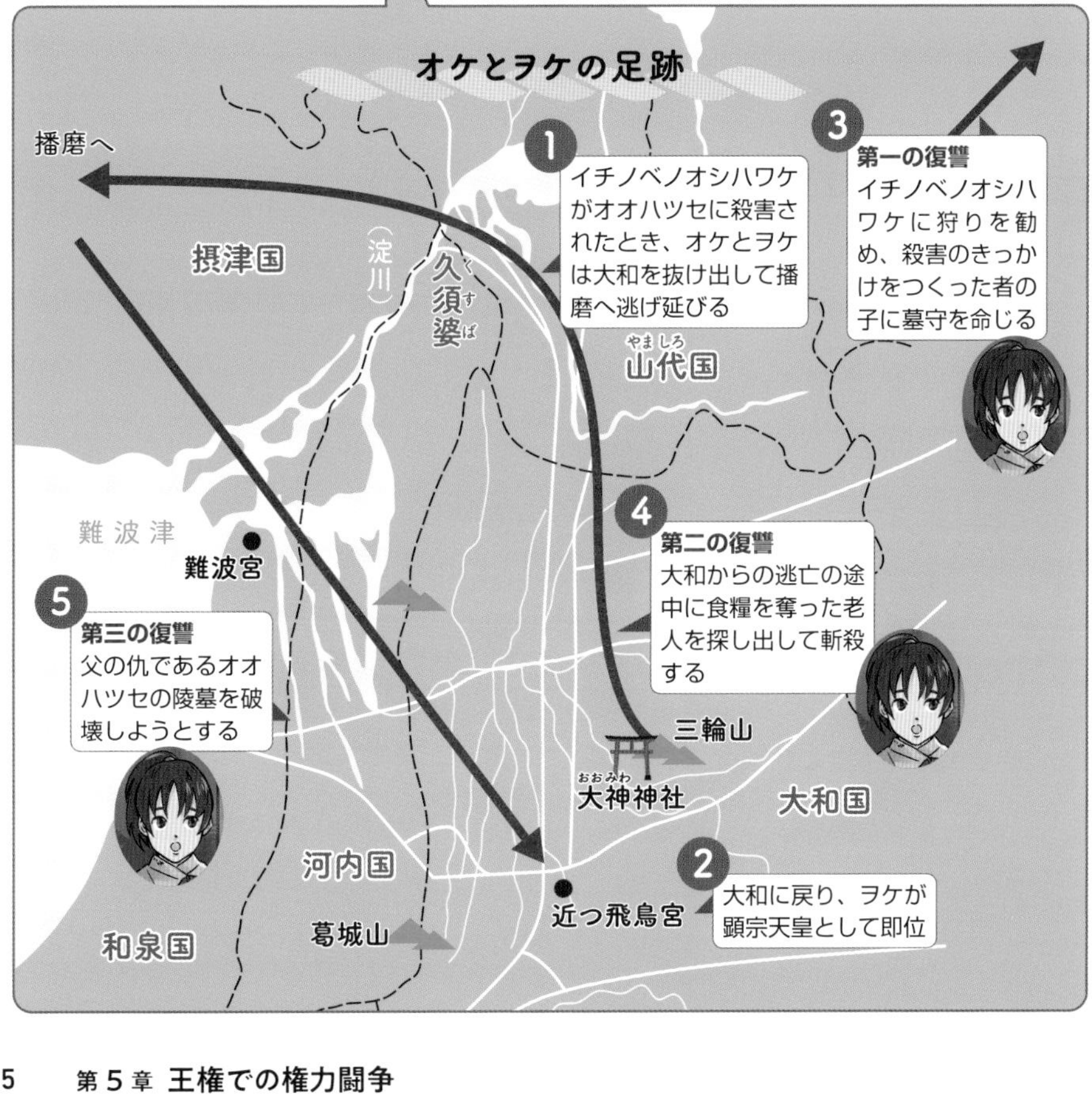

オケとヲケの足跡
播磨へ
1
イチノベノオシハワケがオオハツセに殺害されたとき、オケとヲケは大和を抜け出して播磨へ逃げ延びる
3
第一の復讐
イチノベノオシハワケに狩りを勧め、殺害のきっかけをつくった者の子に墓守を命じる
摂津国
（淀川）
久《く》須《す》婆《ば》
山代《やましろ》国
4
第二の復讐
大和からの逃亡の途中に食糧を奪った老人を探し出して斬殺する
難波津
難波宮
5
第三の復讐
父の仇であるオオハツセの陵墓を破壊しようとする
三輪山
大神《おおみわ》神社
大和国
河内国
2
大和に戻り、ヲケが顕宗天皇として即位
近つ飛鳥宮
葛城山
和泉国

最高ランクは前方後円墳
古墳のランキングとは?

古墳は3世紀半ばから6世紀後半にかけて、全国各地で築造された古代の墓です。各地の首長が石や土でつくった丘のような形の墳丘《ふんきゅう》墓が基本形で、そこから前方後円墳《ぜんぽうこうえんふん》、前方後方墳《ぜんぽうこうほうふん》、円《えん》墳《ふん》、方墳《ほうふん》といったさまざまな形状へと発展していきました。

ヤマト政権は支配下に入った各地の首長に自分たちの墓制を普及させるため、古墳に序列ができました。では、最も序列の高い古墳は何かというと、前方後円墳です。

前方後円墳は方形の墳丘と円形の墳丘が連結した鍵穴のような形の古墳で、ヤマト政権のシンボルです。ヤマト政権の大王や地方の有力な首長など、地位の極めて高い者が葬られました。邪馬台国《やまたいこく》の女王卑弥呼《ひみこ》の墓ではないかといわれる箸墓古墳や、仁徳天皇の墓と伝わる日本最大の古墳、大山《だいせん》(大仙陵) 古墳などが代表例です。

その次のランクに位置づけられるのは、方形の墳丘と長方形(台形)の墳丘が 連結した前方後方墳。最上位の者より若干結びつきの薄い者が葬られました。その次は墳丘の平面が円形の円墳、墳丘の平面が方形(四角形)になっている方墳と続きます。

すべての事例に当てはまるかどうかはわからないが、ヤマト政権と埋葬者の関係が古墳の形状からわかるようになっています。

古墳のランキング

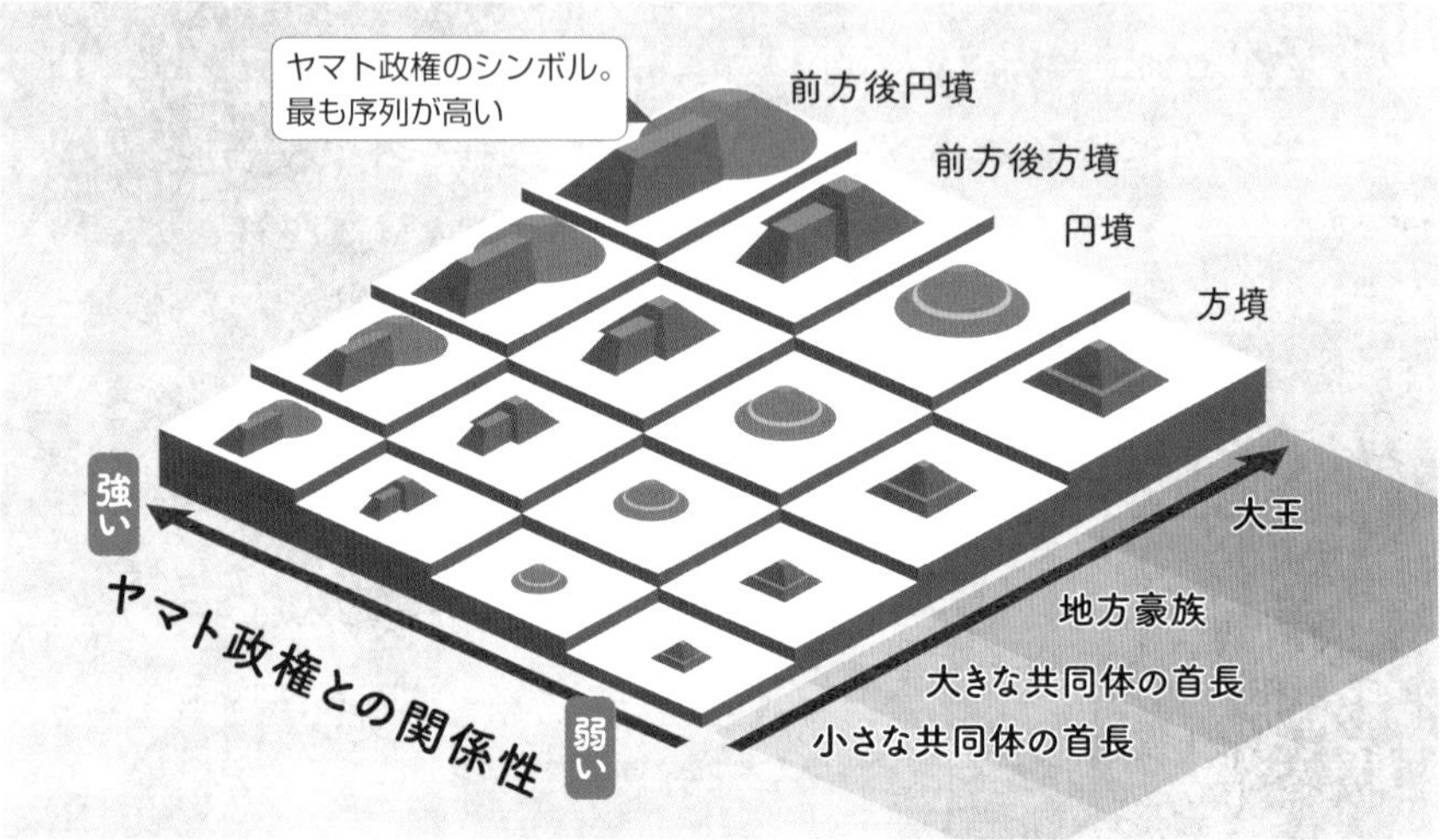
ヤマト政権のシンボル。
最も序列が高い
前方後円墳
前方後方墳
円墳
方墳
強い
ヤマト政権との関係性
弱い
大王
地方豪族
大きな共同体の首長
小さな共同体の首長

第6章

国家・日本の確立

理想に燃える皇子たちが
「日本」という国家の形をつくり上げる

名場面でわかる！ 記紀のあらすじ

『古事記』では武烈《ぶれつ》天皇以降、ほとんど系譜のみの記載になりますが、
『日本書紀』では同天皇以降も詳細に綴られます。
ここからは『日本書紀』を参照し、古代日本が形成されるまでをみていきましょう。

残忍すぎる武烈天皇
武烈天皇は残忍な性格で、天皇在位前から数多くの悪行を繰り返した
▶P110
蘇我《そが》氏と物部《もののべ》氏の崇仏《すうぶつ》論争
仏教を受け入れるか否かをめぐる争いが政治の主導権争いに発展し、ヤマト政権は二手に割れた
▶P114
地方豪族・筑紫《つくしの》君《きみ》磐井《いわい》の反乱
九州の有力豪族の磐井は、地方への支配を強めようとするヤマト政権に反旗を翻し、大規模な反乱を起こした
▶P112

「聖徳太子」こと厩戸《うまやど》皇子《みこ》の事績
「聖徳太子」として知られる厩戸皇子は推古天皇、蘇我馬子との三頭体制で中央集権化を進めた ▶P116
蘇我氏打倒のクーデター
専横を極める蘇我氏に対し、中大兄皇子と中臣鎌足がクーデターを画策。蘇我氏の滅亡とともに大化改新がはじまった ▶P118
天智天皇の弟と実子による壬申《じんしん》の乱
天智天皇の弟の大海人皇子と実子の大友皇子。2人は古代史上最大の内乱を戦い、勝利した大海人皇子が権勢を握ることになった ▶P120
天武天皇・持統天皇の治世
天武天皇は律令や八色の姓の制定など新しい国家の建設を進めると、皇后である持統天皇が後継となって古代日本の政治の礎を築いた ▶P122

残忍すぎる武烈天皇

100字で要約

オハツセノワカサザキこと武烈《ぶれつ》天皇は、皇子時代に恋敵を滅ぼしたり、即位後に妊婦の腹を裂いて胎児の姿を見たりと、残忍な行為を繰り返したとされています。歴代天皇のなかでも屈指の暴虐ぶりをみせた天皇です。

オケ（仁賢《にんけん》天皇）亡き後は、オオハツセ（雄《ゆう》略《りゃく》天皇）の代から四代の天皇に仕えてきた有能な大臣《おおおみ》である平群《へぐりの》真鳥《まとり》が中心となって政権を運営していきました。その真鳥の子の鮪《しび》とひとりの女性を争ったのが、オケの子オハツセノワカサザキです。

皇太子であるワカサザキは、鮪と恋仲にあったカゲヒメを妻として迎えようとしましたが、カゲヒメはなびきませんでした。それにワカサザキは激怒し、大連《おおむらじ》の大伴金村《おおとものかなむら》に命じて真鳥・鮪父子を攻め滅ぼしてしまったのです。

身の毛もよだつ残虐ぶり

やがてワカサザキは10歳の若さで即位します（第二十五代武烈天皇）。武烈天皇は法令に詳しく、日が暮れるまで政務をとるなど、優れた為政者としての一面を示しました。

しかしその一方で、皇子時代を思い起こさせるような残虐ぶりをみせます。妊婦の腹を裂いて胎児の姿を見る、爪を剝《は》ぎとった手で山芋掘りをさせる、頭髪を抜いた人を木に登らせて木ごと切り倒す、水を流す樋《とい》に人を入れ、流れ出てきたところを矛《ほこ》で刺す……といった具合です。これほど多くの悪行を書かれた天皇はほかにいません。

暴虐の天皇は、即位してから八年後に後継者を残さず亡くなりました。これによって応神《おうじん》天皇から続いてきた系統が途絶え、新たな皇位継承者探しが行われることになりました。

出典

『古事記』下つ巻
『日本書紀』武烈天皇紀

主な登場人物

- 武烈天皇
- 平群真鳥
- 平群鮪
- 大伴金村

『古事記』との違い

『古事記』には、武烈天皇の悪逆行為の数々が記されていません。そのため、これは『日本書紀』による歴史の捏造、あるいは創作との説が有力視されています。

武烈天皇の残虐行為と中国の史書の関係

武烈天皇の残虐行為

爪を剥ぎとり、その手で山芋掘りをさせる

妊婦の腹を裂いて、なかの胎児の姿を見る

頭髪を抜いた人を木に登らせておいて、その木を切り倒す

女性を裸にして馬同士の性交を見せ、陰部が濡れた女性を殺し、濡れなかった女性を召使にする

水を流す樋に人を入れ、流れ出てきたところを矛で刺す

木に登らせた人を弓で射る

後継者を残さずに亡くなり、それまでの皇統が途絶えた

中国の史書に登場する暴君たち

夏《か》の桀王《けつおう》

・淫らな音楽を好む
・歓楽の生活にふける
・女に溺れ、国政をおろそかにする

殷の湯王《とうおう》に滅ぼされる

殷《いん》の紂王《ちょうおう》

・宮殿で歓楽にふける
・残酷な刑罰を行う
・女に溺れ、国政をおろそかにする

周《しゅう》の武王《ぶおう》に滅ぼされる

宋《そう》の王偃《おうえん》

・酒と女に溺れる
・冬の川を渡った兵士の足を斬り落とす
・背骨が曲がった人の背を斬り裂く

斉《せい》・魏《ぎ》・楚《そ》の連合軍に滅ぼされる

武烈天皇の逸話は中国の史書をもとに創作された？

もっと知りたい記紀

歴史捏造の理由は？

中国には、「暴君の後に王統が改まり、誰もが敬う名君が登場する」という儒教にもとづいた思想があります。実際、その思想に則《のっと》るかのように王朝が交代した事例が少なくありません。

『日本書紀』における武烈天皇の記事も、そうした中国由来の思想に影響された可能性が指摘されています。

武烈天皇の次の継体天皇は、それまでとは別の皇統から出た天皇です。そのため、『日本書紀』の編集者たちは武烈天皇の残虐行為を白日の下にさらすことによって、継体天皇を正統化しようとしたのではないかと考えられているのです。

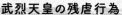

地方豪族・筑紫君磐井の反乱

100字で要約

越《こし》の国から新たに迎えられた継体《けいたい》天皇は五十八歳で即位し、七十八歳で大和入りしました。その治世下で筑紫君磐井《つくしのきみいわい》が反乱を起こしますが、ヤマト政権によって鎮圧され、地方でも中央政権の影響力が強まりました。

オハツセノワカサザキこと武烈天皇が後継者を残さず亡くなると、またしても大和に有力な皇族がいなくなってしまいます。そこで大伴金村らは、越にいた応神天皇の五世孫であるオホドノを第二十六代継体天皇として即位させました。五十八歳という高齢での即位です。

越から尾張にまで勢力を誇っていたオホドノですが、彼の皇位継承に対する反発は強く、大和入りするまでに二十年の歳月を要しました。

そして、その継体天皇の時代に、ヤマト政権は地方への支配を強めることになります。きっかけとなったのは筑紫君磐井の乱です。

北九州で大規模な反乱が発生

当時、朝鮮半島では新羅《しらぎ》が勢力を拡大しており、日本と親しい百済《くだら》や任那《みまな》に圧力をかけていました。そうしたなか、ヤマト政権は任那への影響力を維持するため、近江毛野《おうみのけぬ》に六万の兵を与えて朝鮮への出兵を命じます。一方、新羅は北九州の有力豪族である筑紫君磐井に賄賂《わいろ》を与え、造反を促しました。

磐井は朝鮮出兵などでヒトやモノを要求され、かねてよりヤマト政権に不満をもっていた九州の豪族たちの後押しを受けて決起します。これが大規模な反乱へと拡大したのです。

しかし、ヤマト政権軍は激戦のすえに磐井の乱を鎮圧。磐井は命を落としました。そしてこれ以降、ヤマト政権は北九州をはじめとする地方支配を強めていったのです。

『古事記』との違い

『古事記』はこの頃になると、ほぼ皇族の系譜だけの記事が続きます。しかし、磐井の乱については簡単に触れており、磐井に無礼な振る舞いが多かったことから討伐されたと記されています。

出典

『古事記』下つ巻
『日本書紀』継体天皇紀

主な登場人物

- 継体天皇
- 筑紫君磐井
- 近江毛野

磐井の乱と朝鮮半島情勢

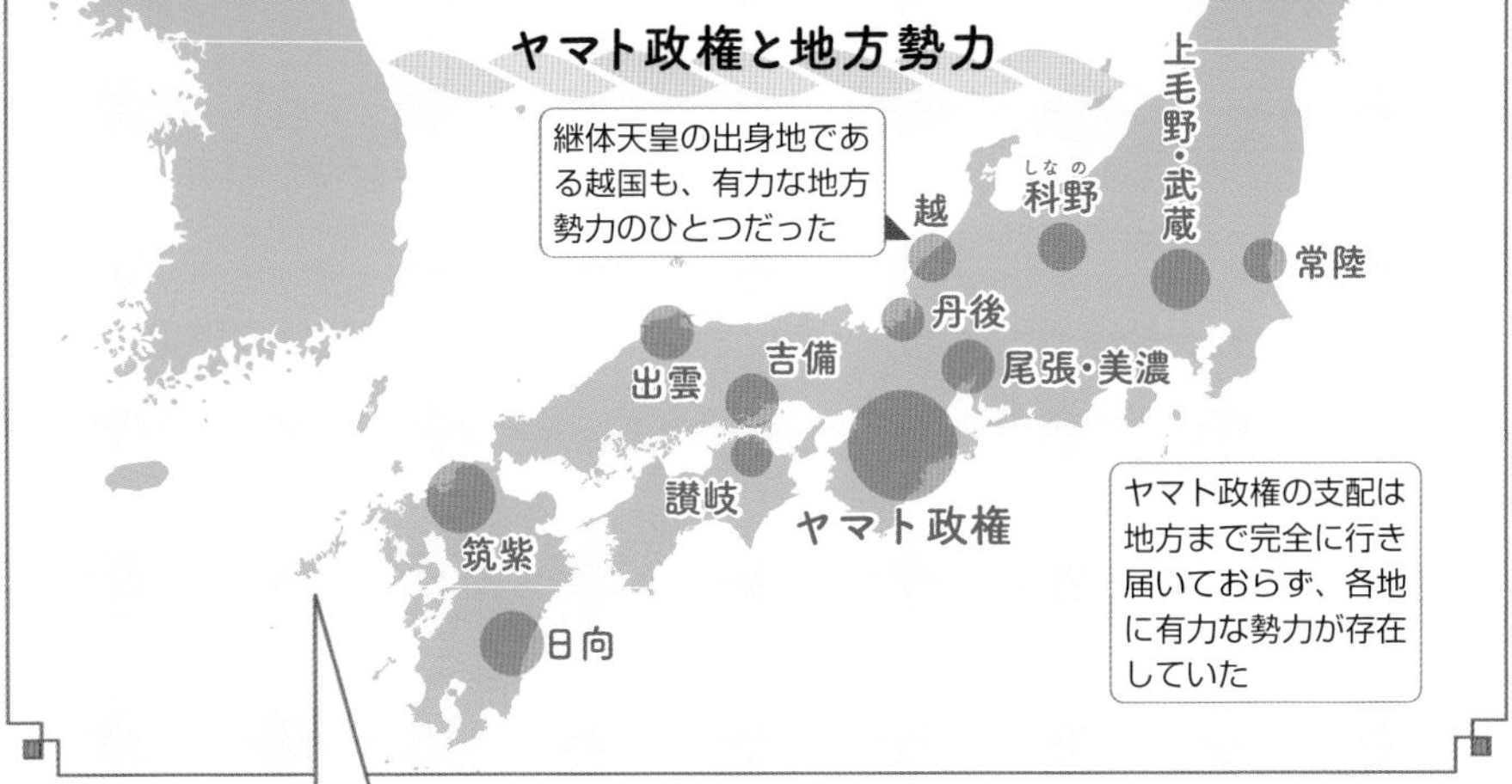
ヤマト政権と地方勢力
継体天皇の出身地である越国も、有力な地方勢力のひとつだった
越
科野《しなの》
上毛野・武蔵
常陸
丹後
吉備
出雲
尾張・美濃
讃岐
ヤマト政権
筑紫
日向
ヤマト政権の支配は地方まで完全に行き届いておらず、各地に有力な勢力が存在していた

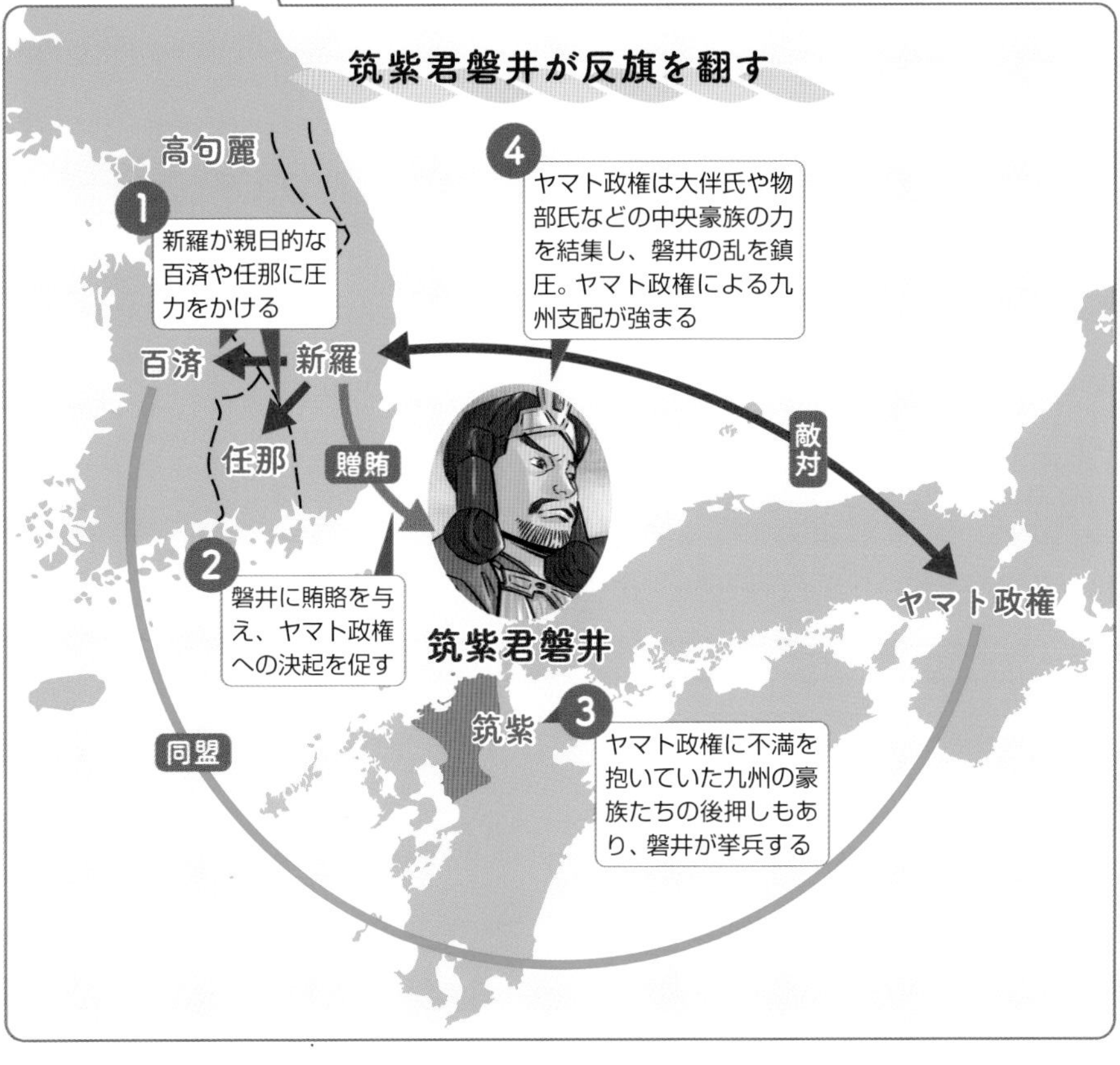
筑紫君磐井が反旗を翻す
高句麗
1 新羅が親日的な百済や任那に圧力をかける
百済
新羅
任那
贈賄
4 ヤマト政権は大伴氏や物部氏などの中央豪族の力を結集し、磐井の乱を鎮圧。ヤマト政権による九州支配が強まる
敵対
2 磐井に賄賂を与え、ヤマト政権への決起を促す
筑紫君磐井
ヤマト政権
筑紫
3 ヤマト政権に不満を抱いていた九州の豪族たちの後押しもあり、磐井が挙兵する
同盟

蘇我氏と物部氏の崇仏論争

100字で要約

ヤマト政権内でライバル関係にあった蘇我《そが》氏と物部《もののべ》氏は、仏教をめぐる崇仏《すうぶつ》論争と政治の主導権争いで激しく衝突します。その対立は蘇我氏の勝利に終わり、物部氏は滅亡することになりました。

継体天皇亡き後は、安閑《あんかん》・宣化《せんか》・欽明《きんめい》と三人の天皇が即位し、それ以降、皇位は第二十九代欽明《きんめい》天皇の子孫へと受け継がれていきました。

欽明天皇の時代には、百済から仏教が伝来します。その仏教をめぐり、ヤマト政権の有力豪族の間で崇仏論争と呼ばれる対立が激化しました。仏教を積極的に受け入れようとする崇仏派の蘇我氏と、反対する廃仏派の物部氏や中臣《なかとみ》氏が大いに揉めたのです。

当初は崇仏派の蘇我稲目《いなめ》と廃仏派の物部尾輿《おこし》の対立でしたが、次代になっても続き、蘇我馬《うま》子《こ》と物部守屋《もりや》が対立。そして、その頃には皇位継承に絡んだ政治の主導権争いへと発展し、ますます深刻になっていきました。

物部氏を倒し、天皇を暗殺

緊張が頂点に達したのは、第三十一代用明《ようめい》天皇が病床に臥したときです。

このとき物部守屋は穴穂部皇子《あなほべのみこ》を、蘇我馬子は泊瀬部皇子《はつせべのみこ》を次の天皇に立てようと画策します。そして天皇が亡くなると、馬子は泊瀬部を崇峻《すしゅん》天皇として即位させ、穴穂部皇子を暗殺。さらに多くの皇子たちを味方につけ、崇峻天皇をいただいて、守屋追討へ出陣しました。

衣摺《きずり》にある守屋の屋敷は蘇我方の軍に取り囲まれ、激闘のすえに守屋が討ちとられます。こうして馬子は物部氏を滅亡に追い込み、のちには崇峻天皇をも暗殺して、権勢を一手に握ることになったのです。

『古事記』との違い

蘇我馬子が専横を極めると、崇峻天皇は不満を抱いて「馬子を殺したい」とつぶやいてしまい、馬子に暗殺されました。しかし『古事記』は、崇峻天皇が殺されたことはもちろん、実在したはずの妻子についても触れていません。

出典

『古事記』下つ巻
『日本書紀』欽明天皇紀

主な登場人物

- 蘇我稲目
- 蘇我馬子
- 物部尾輿
- 物部守屋
- 崇峻天皇

蘇我氏対物部氏

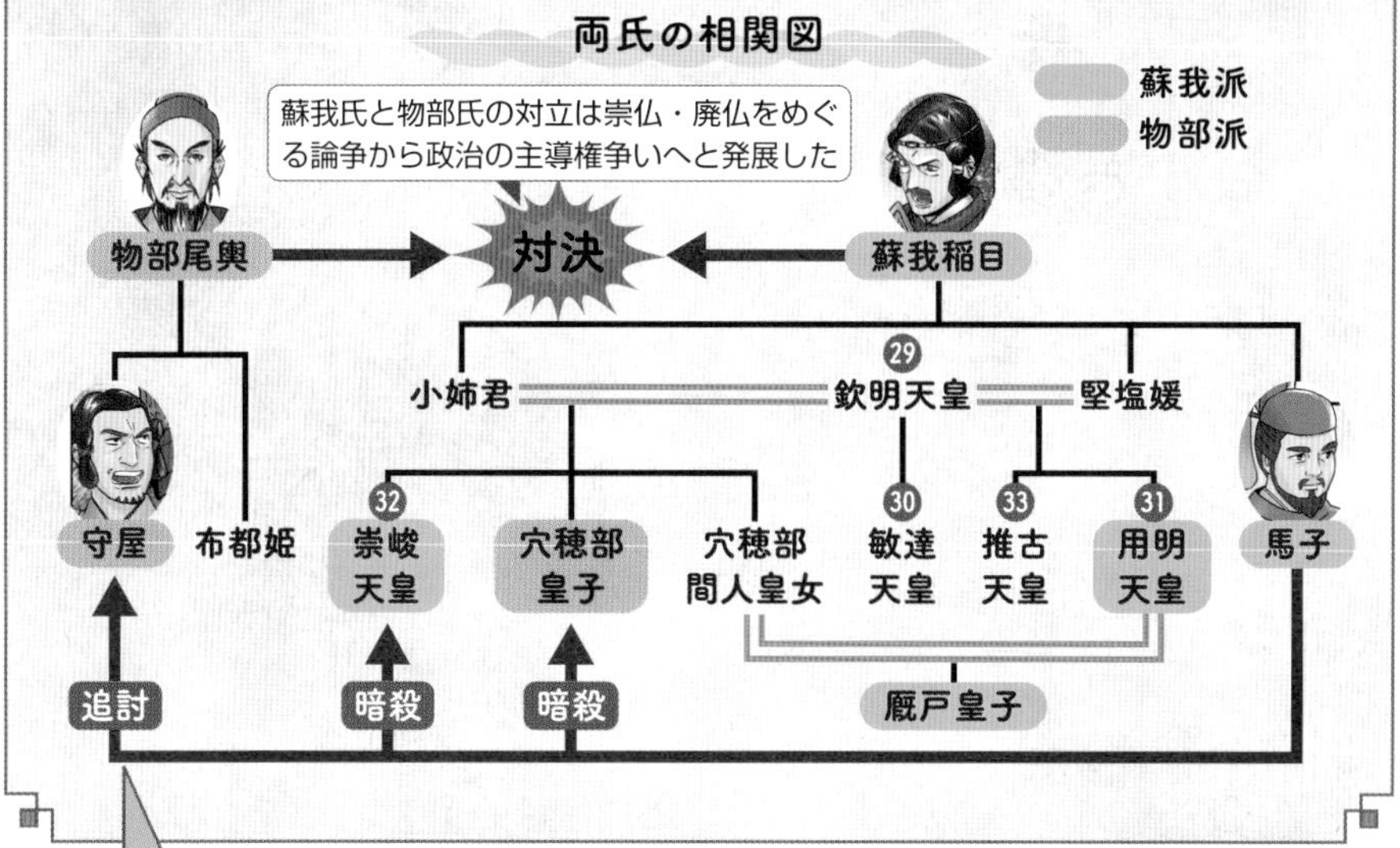
両氏の相関図
蘇我派
物部派
蘇我氏と物部氏の対立は崇仏・廃仏をめぐる論争から政治の主導権争いへと発展した
物部尾輿
対決
蘇我稲目
29
小姉君
欽明天皇
堅塩媛
守屋
布都姫
32
崇峻天皇
穴穂部皇子
穴穂部間人皇女
30
敏達天皇
33
推古天皇
31
用明天皇
馬子
廐戸皇子
追討
暗殺
暗殺

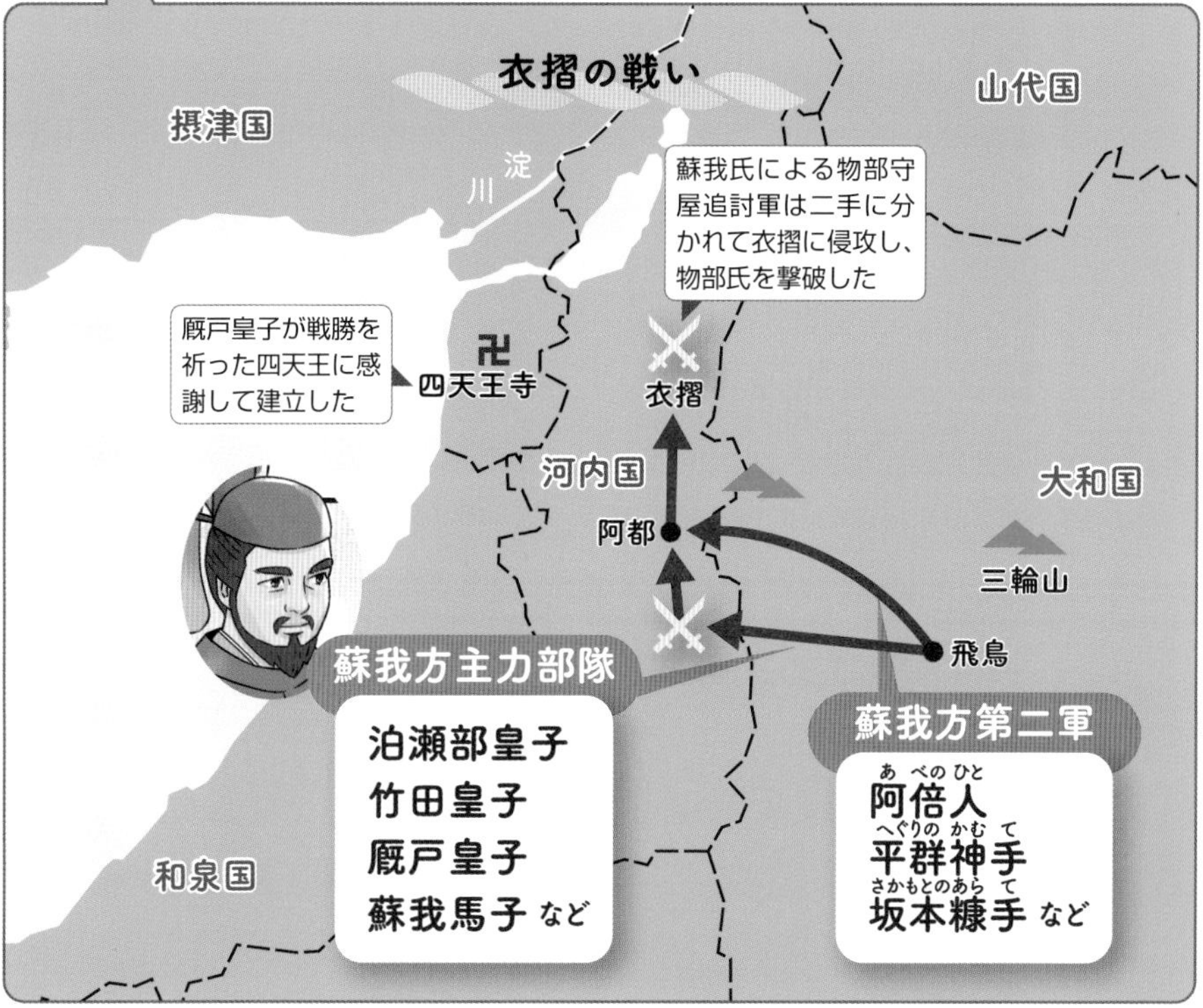
衣摺の戦い
山代国
摂津国
淀川
蘇我氏による物部守屋追討軍は二手に分かれて衣摺に侵攻し、物部氏を撃破した
廐戸皇子が戦勝を祈った四天王に感謝して建立した
卍
四天王寺
衣摺
河内国
大和国
阿都
三輪山
飛鳥
蘇我方主力部隊
泊瀬部皇子
竹田皇子
廐戸皇子
蘇我馬子 など
蘇我方第二軍
阿倍人《あべのひと》
平群神手《へぐりのかむて》
坂本糠手《さかもとのあらて》 など
和泉国

「聖徳太子」こと厩戸皇子の事績

100字で要約

推古《すいこ》天皇の時代には、同天皇と蘇我馬子、厩戸皇子《うまやどのみこ》による三頭体制で政治が行われました。厩戸皇子がさまざまな政策を打ち出し、中央集権体制を確立すべく尽力しました。

蘇我馬子に暗殺された崇峻天皇の後を継いだのは、第三十三代推古天皇でした。日本初の女帝です。

推古天皇は欽明天皇の皇女で、異母兄の敏達《びだつ》天皇の后となっていました。しかしながら、彼女は天皇家の家長的な存在だったことや、母が蘇我氏だったこともあり、馬子に推されて即位しました。

推古天皇の治世は、同天皇と叔父の蘇我馬子、そして甥の厩戸皇子（聖徳太子）との三頭体制で政務が行われました。そのなかでとくに重要な役割を担ったのは、摂政《せっしょう》として天皇を支えた厩戸皇子です。

中央集権体制を目指す

厩戸皇子が目指したのは政治の基本に仏教を据え、天皇を頂点とする中央集権体制です。その実現のために仏教の振興をはじめとして、画期的な政策を次々と打ち出しました。

六〇三年には豪族の世襲制ではなく実力重視で人材登用を行う冠位十二階を制定。翌六〇四年には役人の規範となる憲法十七条を定め、官《かん》吏《り》制度を整えました。さらに天皇の正当性を高めるため、『天皇記』『国記』などの史書を編纂しています。

そして六〇七年には中国・隋《ずい》朝への使者として小野妹子《おののいもこ》を送りました。この遣隋使《けんずいし》が中国から多くの先進文化をもたらし、日本の発展を促しました。

『古事記』との違い

『古事記』は推古天皇の時代で終わっており、その先の時代に関する記述はありません。『古事記』はいにしえの時代の物語であり、推古天皇をいにしえの下限にしようとする意図があったのではないかとされています。

出典

『古事記』下つ巻
『日本書紀』推古天皇紀

主な登場人物

- 推古天皇
- 蘇我馬子
- 厩戸皇子

三頭体制と厩戸皇子の事績

推古天皇

蘇我馬子

推古朝での政治は三頭体制で行われた。厩戸皇子の政策を天皇と馬子が承認するかたちで進められたとみられている

厩戸皇子

仏教の振興

朝鮮半島から積極的に仏教文化を輸入し、日本での仏教の興隆につとめた

新羅遠征

日本と関係の深い任那の権益を守るため、遠征が行われたとされる

冠位十二階の制定

能力優先の人材登用を促すため、それまで豪族が世襲していた官吏制度を個人単位の序列に変えた

遣隋使の派遣

小野妹子を遣隋使として派遣し、隋と対等外交を求める。以降、遣隋使は数次にわたって派遣された

憲法十七条の制定

天皇を中心に和と仏教を尊び、儒教の徳治思想で政治を行うことを宣言。官吏の道徳的な心がまえを説いたもの

官僚制度の整備

朝廷による地方支配が進むなか、地方を中央集権の輪に取り込んでいこうとする動きが推進された

史書の編纂

史書『天皇記』『国記』などの編纂を行う。天皇中心の中央集権国家の歴史を示そうとしたとされる

もっと知りたい記紀

聖徳太子不在説

一般には「聖徳太子」の名で知られる厩戸皇子。彼には不在説が根強くついてまわります。『日本書紀』などの記述に対する物証が少なすぎるからです。憲法十七条や冠位十二階が制定された当時、厩戸皇子が政権の中枢にいたことは間違いありません。しかし、それらに確実に関与していた証拠がないのです。

おそらく、厩戸皇子のものとされる数々の業績には、複数の人物が絡んでいました。しかし、それらすべてに関与した聖徳太子というひとりの人物をつくり上げることで、当時の施策の正当性をアピールしたのではないかと考えられています。

蘇我氏打倒のクーデター

100字で要約

蘇我蝦夷《えみし》・入鹿《いるか》の専横が激しさを増すなか、中大兄皇子《なかのおおえのみこ》と中臣鎌足《なかとみのかまたり》が蘇我氏打倒のクーデターを画策。乙巳《いっし》の変で蘇我氏を滅ぼすと、中大兄皇子を中心とする新政権が「大化改新《たいかのかいしん》」といわれる政治改革を開始しました。

推古天皇亡き後は、蘇我馬子の子である蝦夷と、その子入鹿の専横が激しくなります。

皇位は彼ら父子の意図によって敏達天皇の嫡孫田村皇子《たむらのみこ》（第三十四代舒明《じょめい》天皇）、その皇后の第三十五代皇極《こうぎょく》天皇へと伝えられ、父子が政治を牛耳りました。また、蘇我氏の邸宅を「宮門」、子どもたちを「王子」と呼ばせて天皇のような振る舞いをとったり、厩戸皇子の子山背大兄王《やましろのおおえのおう》を自害に追い込んだりと、もはや歯止めがかからなくなっていました。

こうした状況を憂えたのが、舒明・皇極両天皇の子の中大兄皇子と、下級貴族の中臣鎌足です。二人は蹴鞠《けまり》の会で意気投合し、蘇我氏打倒のクーデターを計画したのです。

蘇我氏を倒し、政治改革を実施

六四五年六月十二日、三韓《さんかん》の貢物を披露する儀式において、中大兄皇子は蘇我入鹿を斬殺。翌日には蝦夷を自害させ、蘇我氏を滅ぼしました。このクーデターを乙巳の変といいます。

乙巳の変の二日後、皇極天皇の弟の軽皇子《かるのみこ》が第三十六代孝徳《こうとく》天皇として即位。中大兄皇子は皇太子に就任し、新政権がスタートします。

新政権は元号を「大化」とし、都を飛鳥《あすか》から難波長柄豊崎宮《なにわのながらのとよさきのみや》へ遷します。そして土地と人民を国有とする公地公民制、戸籍の作成・班田《はんでん》収授法《しゅうじゅのほう》などからなる改新の詔《みことのり》という施政方針を示し、中央集権体制の確立を目指す政治改革、いわゆる「大化改新」を進めていったのです。

出典

『日本書紀』
推古～孝徳天皇紀

主な登場人物

- 蘇我蝦夷
- 蘇我入鹿
- 中大兄皇子
- 中臣鎌足

蘇我氏が滅ぼされた乙巳の変

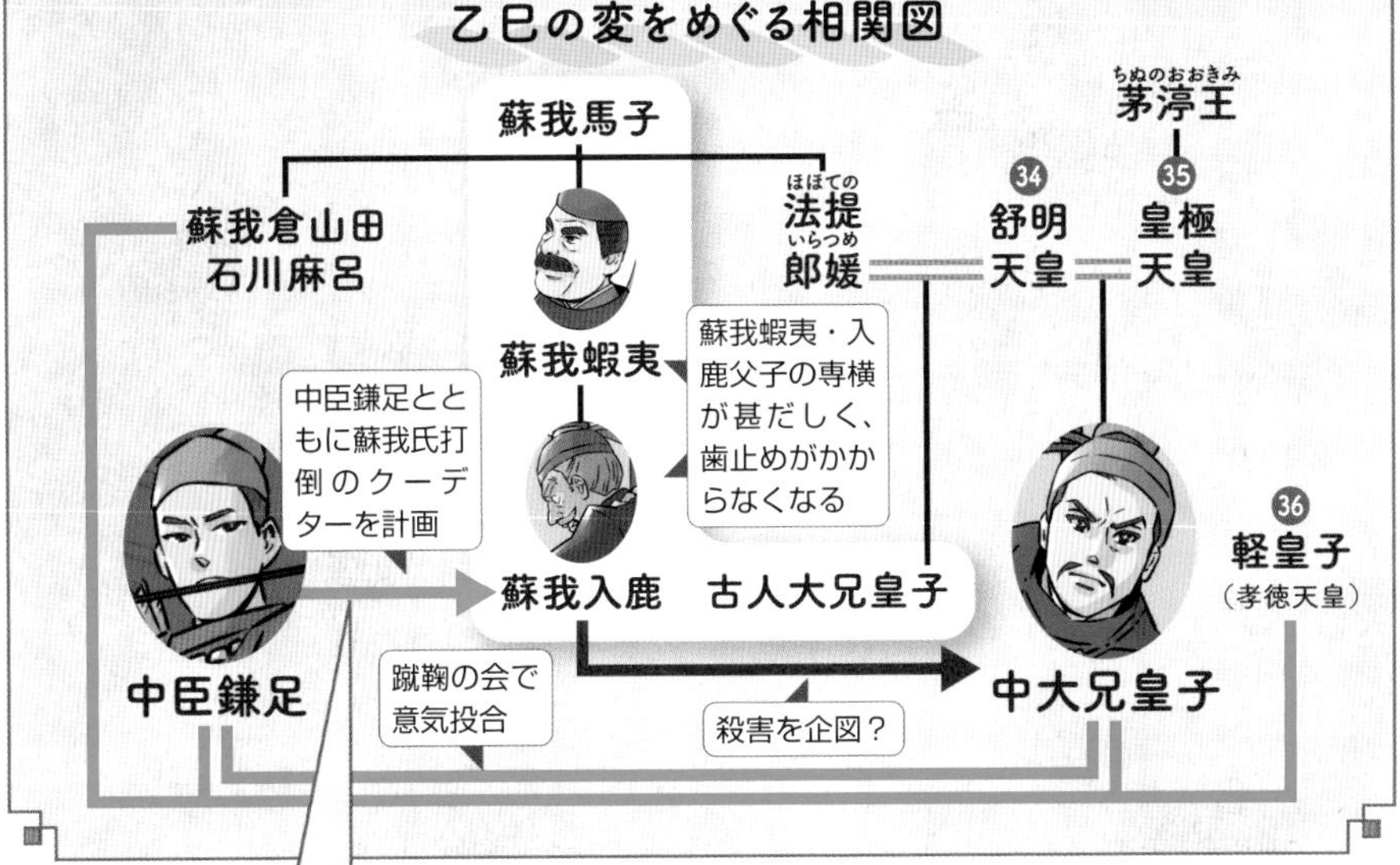
乙巳の変をめぐる相関図
蘇我馬子
茅渟王《ちぬのおおきみ》
34
35
蘇我倉山田
石川麻呂
法提《ほほての》
郎媛《いらつめ》
舒明
天皇
皇極
天皇
蘇我蝦夷
蘇我蝦夷・入鹿父子の専横が甚だしく、歯止めがかからなくなる
中臣鎌足とともに蘇我氏打倒のクーデターを計画
36
軽皇子
（孝徳天皇）
蘇我入鹿
古人大兄皇子
中臣鎌足
蹴鞠の会で意気投合
殺害を企図？
中大兄皇子

乙巳の変の経過
2
中大兄皇子は蘇我蝦夷追討を準備
飛鳥寺
飛鳥坐神社《あすかにいます》
甘樫丘《あまかしのおか》
蘇我蝦夷・入鹿邸
飛鳥池遺跡
3
645年6月13日
蘇我蝦夷が邸宅に火を放って自害する
飛鳥川
飛鳥宮跡
1
645年6月12日
三韓の儀の際、中大兄皇子が蘇我入鹿を斬殺
飛鳥板蓋宮《あすかいたぶきのみや》
川原寺

天智天皇の弟と実子による壬申の乱

出典

『日本書紀』天智天皇紀

主な登場人物

- 天智天皇
- 大海人皇子
- 大友皇子

100字で要約

中大兄皇子が即位して天智《てんじ》天皇になったものの、四年後には病死。その後継者をめぐって天皇の弟の大海人皇子《おおあまのみこ》と、実子の大友皇子《おおとものみこ》が壬申《じんしん》の乱を戦います。勝利したのは大海人皇子で、天武《てんむ》天皇として即位しました。

大化改新以降、中央集権体制の確立が進むなか、六六八年に四十三歳になった中大兄皇子が第三十八代天智天皇として即位します。そして、それから四年後の天皇の病死をきっかけに、古代史上最大の内乱といわれる壬申の乱が起こります。その原因は、後継者をめぐる皇子たちの対立でした。

当初、天智天皇は有能で人望もある弟の大海人皇子を後継者と考えていました。ところが晩年には、天皇の実子で若い大友皇子に後を継がせたいと思うようになります。天皇は病床に大海人皇子を呼んで「後を託す」と告げましたが、大海人皇子は天皇の真意を推し測って辞退し、出家して吉野へと去っていきました。

動員の成否が戦局を分けた

六七二年、天智天皇が没すると、大友皇子が不穏な動きをみせます。それを知った大海人皇子は挙兵を決意。ひそかに吉野を脱出して関所を封鎖させ、東海・東山道から兵力を動員しました。壬申の乱の勃発です。

大海人皇子軍が進軍しつつ勢力を拡大するのに対し、大友皇子軍は兵力動員がうまくいきません。近江、大和の戦いで大海人皇子軍が連勝し、大友皇子自らが出陣した瀬田唐橋《せたからはし》の戦いでも大海人皇子軍が勝利。大友皇子は自害します。

こうして後継者争いに勝った大海人皇子は都を近江から飛鳥に移し、第四十代天武天皇として即位したのです。

壬申の乱の経過

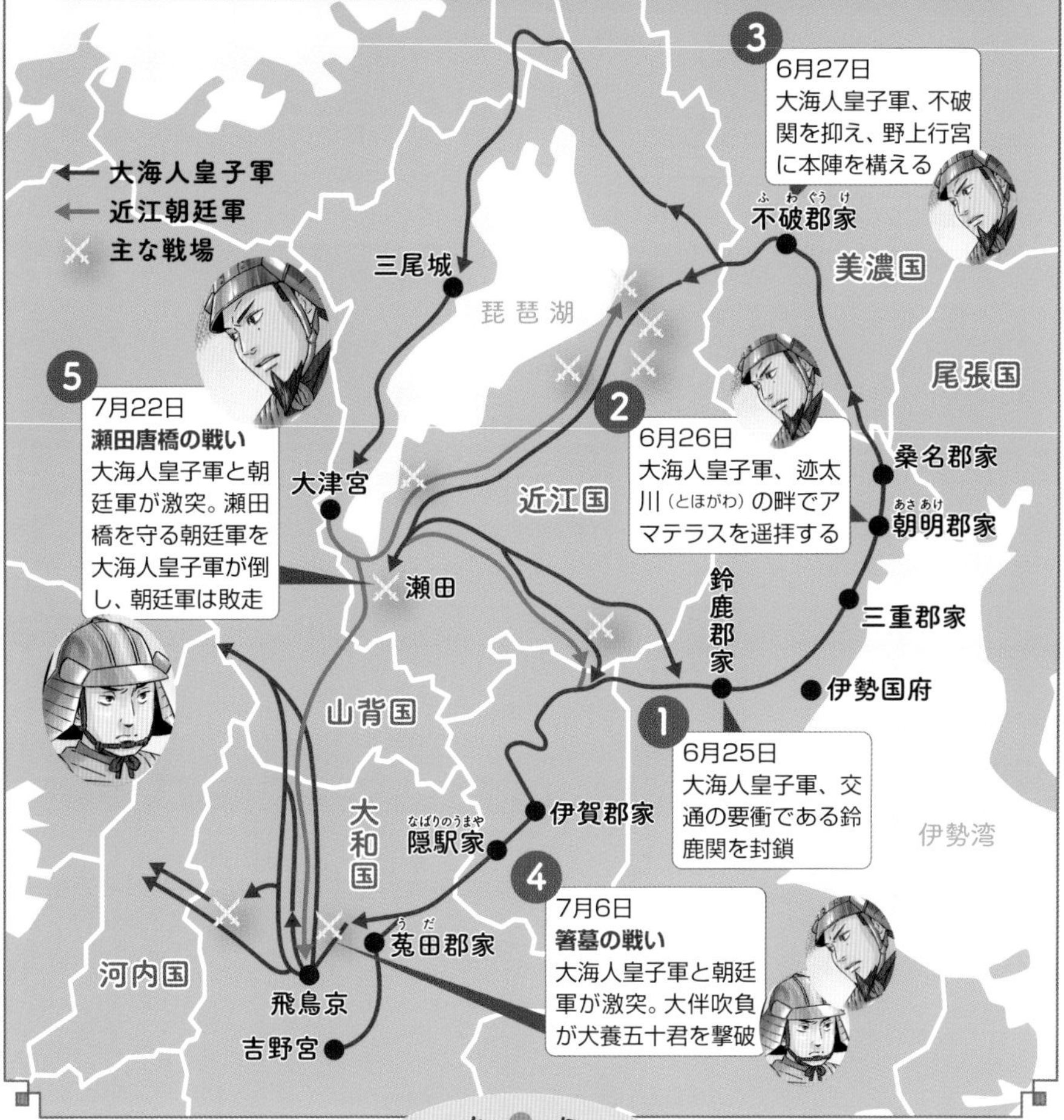
大海人皇子軍
近江朝廷軍
主な戦場
琵琶湖
三尾城
大津宮
瀬田
近江国
山背国
大和国
河内国
美濃国
尾張国
伊勢湾
不破郡家《ふわぐうけ》
桑名郡家
朝明《あさあけ》郡家
三重郡家
鈴鹿郡家
伊勢国府
伊賀郡家
隠駅家《なばりのうまや》
莵《う》田《だ》郡家
飛鳥京
吉野宮
1
6月25日
大海人皇子軍、交通の要衝である鈴鹿関を封鎖
2
6月26日
大海人皇子軍、迹太川（とほがわ）の畔でアマテラスを遥拝する
3
6月27日
大海人皇子軍、不破関を抑え、野上行宮に本陣を構える
4
7月6日
箸墓の戦い
大海人皇子軍と朝廷軍が激突。大伴吹負が犬養五十君を撃破
5
7月22日
瀬田唐橋の戦い
大海人皇子軍と朝廷軍が激突。瀬田橋を守る朝廷軍を大海人皇子軍が倒し、朝廷軍は敗走

舞台探訪

瀬田の唐橋

日本三名橋のひとつに数えられる瀬田の唐橋（写真）は、京都へ通じる交通の要所です。そのため壬申の乱をはじめとする多くの戦乱の舞台となり、「唐橋を制するものは天下を制す」ともいわれました。現在の橋は織田信長が整備したものです。

天武天皇・持統天皇の治世

100字で要約

壬申の乱に勝利した天武天皇は、皇子たちと皇親《こうしん》政治を行い、中央集権体制の構築を推進しました。その事業が皇后だった持統《じとう》天皇に引き継がれると、さまざまな改革が実現され、日本という国家が形づくられていきました。

天武天皇は太政大臣や左右大臣を置かず、自分と皇子たちで政務を執り行う皇親政治を展開しました。これによって思いどおりの政治が可能になり、中央集権体制を固めていきます。

天武天皇の具体的な施策としては、「大王《おおきみ》」から「天皇《すめらみこと》」への君主号変更、八色《やくさ》の姓《かばね》による姓制度の整備、律令《りつりょう》（法令）の制定、史書の編纂といったことが挙げられます。さらに律令国家の都にふさわしい本格的な都城である藤原京の建設にも力を注ぎました。

しかし、天武天皇は六八六年に志半ばで世を去り、その遺志は次の第四十一代持統天皇に受け継がれることになりました。

改革を引き継いだ持統天皇

持統天皇は天武天皇の皇后。皇太子だった息子の草壁《くさかべの》皇子《みこ》が即位前に亡くなったため、自ら即位しましたが、草壁皇子の遺児である軽《かるの》皇子《みこ》、つまり自分の孫に皇位を継承させようとする思惑が背景にあったともいわれています。

持統天皇は飛鳥浄御原令《あすかきよみはらりょう》を施行したり、戸籍の作成を行うなど、天武天皇の目指した政策を実現していきます。こうした持統天皇の施策によって律令制度が整備されていきました。さらに天武天皇が完成を見ることなく亡くなった藤原京への遷都も果たしました。

そして六九七年、持統天皇は軽皇子に皇位を譲ります。この文武《もんむ》天皇の即位を伝え、『日本書紀』は終了しています。

出典

『日本書紀』
天武～持統天皇紀

主な登場人物

- 天武天皇
- 持統天皇
- 文武天皇

律令体制の構築

天武朝（673〜686）

天皇号の成立
君主号をそれまでの「大王」から、中国の皇帝を意識した「天皇」に変更する

姓制度改革
真人（まひと）・朝臣（あそみ）・宿禰（すくね）・忌寸（いみき）・道師（みちのし）・臣（おみ）・連（むらじ）・稲置（いなき）の八色の姓を新たに定めた

法令制定
唐の律令制度をモデルとした律令国家の建設を目指し、日本初の律令の制定に着手

新都計画
日本初の本格的な中国風都城となる藤原京の建設計画を開始する

史書の編纂
『古事記』や『日本書紀』などの国史の編纂を命じる

持統朝（690〜697）

689年に飛鳥浄御原令が施行される

694年に藤原京への遷都が行われる

文武朝（697〜707）

697年の文武天皇の登場を伝え、『日本書紀』の幕が閉じる

新都・藤原京

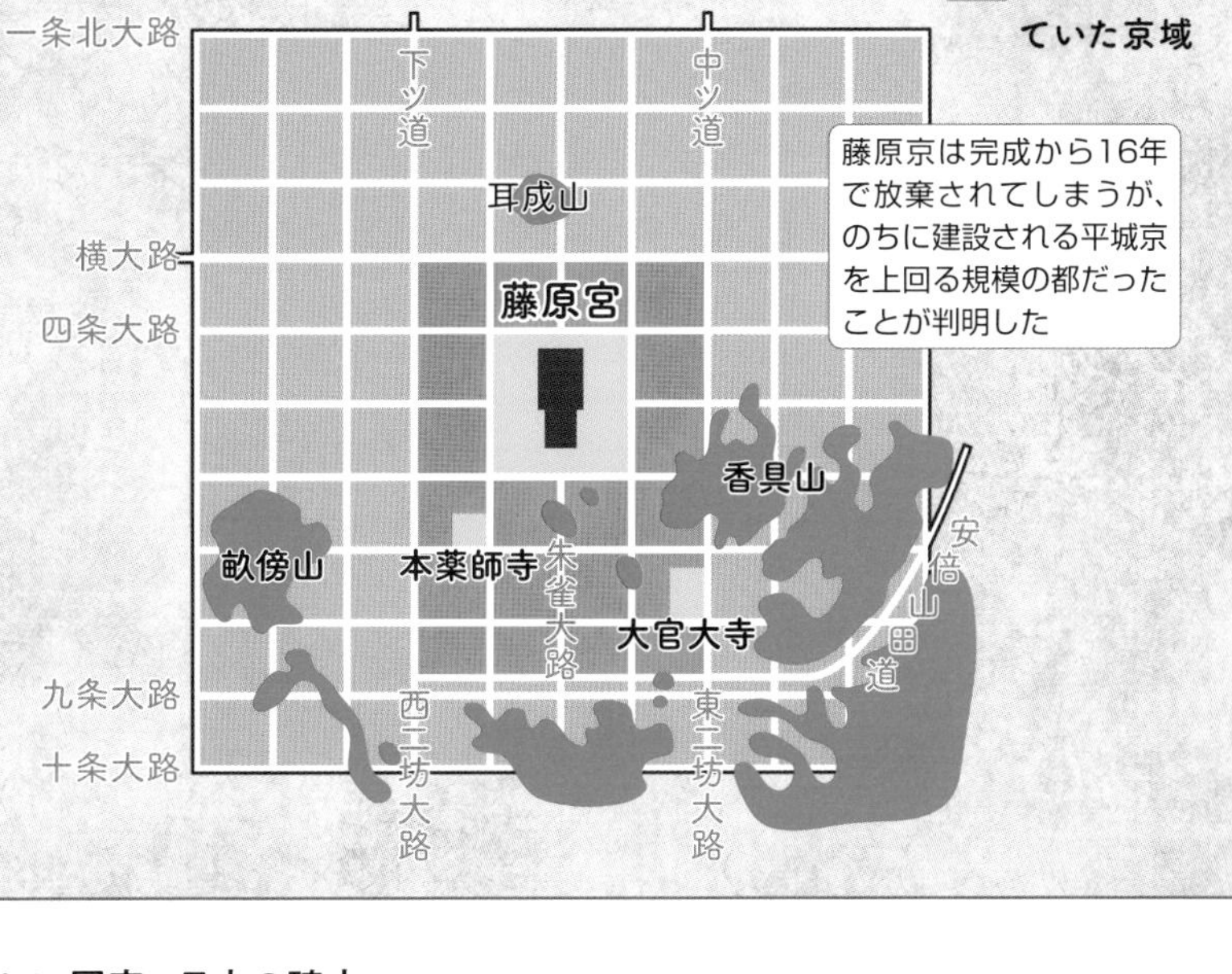
当初考えられていた京域
一条北大路
横大路
四条大路
九条大路
十条大路
下ツ道
中ツ道
耳成山
藤原宮
香具山
畝傍山
本薬師寺
朱雀大路
大官大寺
安倍山田道
西二坊大路
東二坊大路
藤原京は完成から16年で放棄されてしまうが、のちに建設される平城京を上回る規模の都だったことが判明した

古事記・日本書紀　概略年表

西暦	年号	出来事
前六六七		イワレビコが東征をはじめる
前六六〇	神武一	イワレビコが初代神武天皇として即位
前九三頃	崇神五	疫病が蔓延し、多くの人々が亡くなる
前八八	崇神一〇	ミマキイリヒコ（崇神天皇）が諸国に将軍を派遣する
前八六	崇神一二	ミマキイリヒコが人民の戸籍を調査し、賦役を課す
前二七	垂仁三	アメノヒボコが但馬に渡来する
前二五	垂仁五	イクメイリビコ（垂仁天皇）に対し、サホビコが謀反を起こす
前二三	垂仁七	ノミノスクネらに相撲をとらせる
前五	垂仁二五	アマテラスが伊勢に鎮座する
八二	景行一二	オオタラシヒコ（景行天皇）が自ら筑紫へ遠征
九七	景行二七	オオタラシヒコがヤマトタケルを熊襲征伐に派遣する
一一〇	景行四〇	オオタラシヒコがヤマトタケルに東国遠征を命じる
一一三	景行四三	ヤマトタケルが伊吹山の神に敗れ、死去する
二〇〇	仲哀九	タラシナカツヒコ（仲哀天皇）が亡くなり、オキナガタラシヒメ（神功皇后）が朝鮮半島に遠征する
二〇一	神功一	オキナガタラシヒメがカゴサカとオシクマの反乱を鎮圧
二七〇	応神一	ホンダワケが応神天皇として即位

三一六	仁徳四	オオサザキ（仁徳天皇）が税を三年間免除する
三二三	仁徳一一	オオサザキが河内平野一帯の治水工事を行なう
四一五	允恭四	オアサツマワクゴノスクネ（允恭天皇）が氏姓制度を改革
四五六	安康三	アナホ（安康天皇）がマヨワに殺害され、オオハツセがマヨワを殺害
四五六	雄略一	オオハツセが雄略天皇として即位
四八一	清寧二	オケ・ヲケ兄弟が播磨で発見される
四八五	顕宗一	ヲケが顕宗天皇として即位
四八八	仁賢一	オケが仁賢天皇として即位
五〇〇	武烈二	ワカサザキ（武烈天皇）の悪行がはじまる
五〇七	継体一	越出身のオホドノが継体天皇として迎えられる
五二七	継体二一	筑紫君磐井が反乱を起こす
五五二	欽明一三	百済より仏教が伝わる
五五四	欽明一五	百済を救援する
五六二	欽明二三	新羅が任那を滅ぼす
五八五	敏達一四	物部守屋が寺院や仏像を焼く
五八七	用明二	蘇我馬子が物部守屋を倒す
五九二	崇峻五	崇峻天皇が蘇我馬子に殺害される
五九三	推古一	推古天皇が即位し、厩戸皇子（聖徳太子）が皇太子となる
六〇三	推古一一	厩戸皇子が冠位十二階を制定
六〇四	推古一二	厩戸皇子が憲法十七条を制定
六〇七	推古一五	小野妹子が遣隋使として派遣される

六四三	皇極二	山背大兄王が蘇我入鹿に殺害される
六四五	孝徳一	乙巳の変。中大兄皇子と中臣鎌足が蘇我入鹿を殺害。入鹿の父蝦夷も自害する
六四五	孝徳一	軽皇子が孝徳天皇として即位。大化の改新がはじまる
六四五	孝徳一	中大兄皇子が古人大兄王を殺害する
六四五	孝徳一	難波長柄豊碕宮へのへの遷都が行なわれる
六四六	大化二	改新の詔が発せられる
六四九	大化五	蘇我倉山田麻呂が謀反の疑いを受けて自害する
六五五	斉明一	皇極上皇が重祚し、斉明天皇となる
六五五	斉明一	飛鳥板蓋宮への遷都が行なわれる
六五八	斉明四	有間皇子が謀反の疑いを受けて殺害される
六六一	斉明七	斉明天皇が新羅征討のために出帆するが、天皇が亡くなり、中大兄皇子が称制を開始
六六三	天智二	白村江の戦い。日本軍が唐・新羅連合軍に大敗を喫する
六六七	天智六	大津宮への遷都が行なわれる
六六八	天智七	中大兄皇子が天智天皇として即位
六七一	天智一〇	大友皇子が太政大臣となり、大海人皇子は吉野に隠棲
六七二	天武一	大海人皇子と大友皇子の間で壬申の乱が勃発
六七三	天武二	大海人皇子が天武天皇として即位
六九四	持統八	藤原京への遷都が行なわれる
七一二	和銅五	『古事記』が成立する
七二〇	養老四	『日本書紀』が成立する

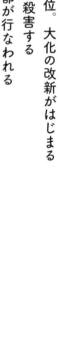

主な参考文献

『口語訳 古事記』●三浦佑之翻訳（文藝春秋）

『日本書紀 全現代語訳』●宇治谷孟翻訳（講談社）

『日本書紀の読み方』●遠山美都男（講談社）

『日本の神々』●松前 健（講談社）

『教養として学んでおきたい古事記・日本書紀』
●島田裕巳（マイナビ出版）

『キーワードで引く古事記・日本書紀事典』
●武光 誠 菊池克美編集（東京堂出版）

『「古事記」神話の謎を解く』●西條 勉（中央公論新社）

『日本書紀の謎を解く』●森 博達（中央公論新社）

『古事記を読みなおす』●三浦佑之（筑摩書房）

『神話で読みとく古代日本』●松本直樹（筑摩書房）

『古事記と日本書紀 謎の焦点』●瀧音能之（青春出版社）

『大和朝廷と天皇家』●武光 誠（平凡社）

『日本神話事典』●吉田敦彦監修 青木周平ほか編集（大和書房）

『日本古代史事典』（大和書房）

『日本古代史事典』●阿部 猛編集（朝倉書店）

『日本書紀の世界』●中村修也（思文閣出版）

『神道～わが家の宗教』●三橋 健（大法輪閣）

『歴史群像シリーズ 69 歴代天皇全史』（学習研究社）

『まんが古事記』●ふわこういちろう（かざひの文庫）

『別冊太陽 284 日本書紀：編纂一三〇〇年』●遠山美都男監修（平凡社）

【監修者略歴】

三橋 健（みつはし・たけし）

1939年石川県生まれ。神道学者。國學院大學文学部日本文学科を卒業後、同大學大学院文学研究科神道学専攻博士課程を修了。ポルトガル留学を経て、國學院大學神道文化学部及び同大学院で教鞭をとる。2010年に定年退職。現在は國學院大學博物館客員教授、「日本の神道文化研究会」の代表として活躍。主な著書に『図説 神道の聖地を訪ねる！ 日本の神々と神社』（青春出版社）、『神社の由来がわかる小事典』（PHP研究所）、『古事記に秘められた聖地・神社の謎 八百万の神々と日本誕生の舞台裏』（ウェッジ）、『図説 神道』（河出書房新社）などがある。

【STAFF】

装丁・本文デザイン／柿沼みさと
本文DTP／伊藤知広（美創）
本文イラスト／ヤマデラワカナ
編集／株式会社ロム・インターナショナル

ビジュアル版
一冊でつかむ
古事記・日本書紀

2024年2月18日　初版印刷
2024年2月28日　初版発行

監　修　三橋 健

発行者　小野寺優
発行所　株式会社河出書房新社
〒151-0051
東京都渋谷区千駄ヶ谷2-32-2
電話 03-3404-1201（営業）
03-3404-8611（編集）
https://www.kawade.co.jp/
印刷・製本　三松堂株式会社

Printed in Japan
ISBN978-4-309-62956-8
落丁本・乱丁本はお取り替えいたします。